SIOBHAN FERGUSON

PARIS

WIE ES KEINER KENNT

EINE REISE DURCH
DIE STADT DER LICHTER

MIDAS

Paris – wie es keiner kennt

© 2025

Midas Collection
Ein Imprint der Midas Verlag AG

ISBN 978-3-03876-260-7

4. Auflage

Übersetzung: Martina Panzer
Lektorat: Claudia Koch
Layout: Ulrich Borstelmann
Projektleitung: Gregory C. Zäch

Midas Verlag AG, Dunantstrasse 3, CH 8044 Zürich
Webseite: www.midas.ch, E-Mail: kontakt@midas.ch

Midas Büro Berlin, Mommsenstraße 43, D 10629 Berlin
E-Mail: berlin@midasverlag.com (GPSR)

Englische Originalausgabe:
»Pretty City Paris«
© 2023, The History Press
Texte und Fotos © 2023 Siobhan Ferguson
Design: Katie Beard

Printed in Europe

Die deutsche Nationalbibliothek verzeichnet diese Publikation in der Deutschen Nationalbibliografie; detaillierte bibliografische Daten sind im Internet unter www.dnb.de abrufbar.

CAFE DE FLORE

INHALT

EINLEITUNG

> Paris ist wie ein veritabler Ozean. Wirft man das Senkblei aus, so wird man niemals seine Tiefe ermessen können. Man mag Paris durchlaufen und beschreiben: Welche Mühe man sich auch dabei gibt, so zahlreich und so sorgfältig auch die Erforscher dieses Meeres sein mögen, immer wird man auf eine unbekannte Stelle stoßen, auf eine unentdeckte Höhle, auf Blumen, Perlen, Ungeheuer, auf irgendetwas Unerhörtes, das die literarischen Taucher vergessen haben.
>
> *Honoré de Balzac*

Paris ist die Stadt der Lichter, groß und majestätisch, randvoll von imposanten Monumenten, fantastischen Ausblicken und hellen und breiten Boulevards. Aber das ist noch nicht alles. Paris ist die Stadt der charmanten Dörfer, Kopfsteinpflasterstraßen und terrassenförmigen Cafés. Die Stadt der Dichter und Denker, der Literatur und der Kunst. Die Stadt der großartigen Architektur – aus dem alten Rom, dem Mittelalter, der Klassik und des Jugendstils. Die Stadt der Brücken und Kreuzungen, die geheimnisvolle und weitschweifende Blicke auf den Fluss öffnen; die Stadt der Haute Couture und Anmut, der Einfachheit und Gelassenheit. Die Stadt der Liebe und Romantik, der Gemütlichkeit und Magie. Die Stadt der Harmonie, die sich auf historischen Plätzen, in königlichen Parks und in den Schaufenstern widerspiegelt. Die Stadt des *Flâneur*, der sich beim ziellosen Umherschweifen in ihr verliert und gleichzeitig bereichert. Die Stadt der Gastronomie, der Märkte und Kunsthandwerker, in der es die vielseitigsten Geschäfte gibt. Die Stadt der *Fromagerie*, der *Boulangerie*, der *Bûcherie*, der *Pâtisserie*, der *Charcuterie* und der *Crémerie*. Paris ist die Stadt der Träume.

Ich weiß nicht mehr genau, wann ich mich in Paris verliebt habe, wahrscheinlich sogar lange, bevor ich die Stadt besucht habe, dank meiner Vorstellung davon – dem Mythos von Paris. Hinzu kam, dass meine Eltern in meiner Kindheit im Westen Irlands eine kleine Pension betrieben, wo ich schon früh mit Menschen aus Frankreich in Kontakt kam und von ihnen fasziniert war. Ich liebte ihren Hauch

von Eleganz und Noblesse, aber vor allem liebte ich den Klang ihrer wundervollen Sprache, staunte über ihre lyrischen Töne und die wohlklingenden Alltagswörter.

Sehr bald reiste ich im Rahmen des Französischunterrichts in der Schule nach Paris. Für mich war die Reise wie eine persönliche Mission, die ich mit höchster Freude erfüllte. Mein Studienfach wählte ich aufgrund der Förderprogramme für Auslandsaufenthalte an der Universität aus. Und als ich 1994 schließlich als naive und neugierige Erasmus-Studentin nach Paris kam, erfüllte sich ein lang gehegter Wunsch. Ich studierte an der Sorbonne Nouvelle, Paris III, und hatte mein Zimmer in einem charmanten Wohnheim mit Blick auf den Jardin du Luxembourg – alle meine Träume wurden wahr.

Aber das Leben hatte etwas anderes mit mir vor. Ich kehrte nach Hause zurück und es vergingen viele Jahre, in denen ich die Stadt meiner Träume mit Ausnahme einer kleinen Spritztour vor einigen Jahren nicht mehr gesehen habe.

Über die Jahre habe ich immer wieder versucht zu beschreiben, was ich tue, was ich arbeite und wer ich bin. Am besten ist das an meinen vorherigen Büchern und meinen Instagram-Feeds zu erkennen. *Warum* ich es tue, ist ein wenig schwerer zu erläutern. Als ich für die Recherchen zu diesem Buch dann wieder nach Paris kam, habe ich plötzlich verstanden, warum ich meine Arbeit liebe.

Peinlicherweise muss ich zugeben, dass ich das Konzept des *Flâneur* vorher nicht kannte: der Spaziergänger, der aus der französischen Literatur des 19. Jahrhunderts bekannte leidenschaftliche Müßiggänger. Ich möchte ehrlich sein: Erst während der Recherchen zu diesem Buch habe ich mich in die zahlreichen Schriften über diese Figur vertieft, in die ich mich so gut hineinversetzen kann. Meine Bücher waren aus meinen Instagram-Feeds entstanden, die im Wesentlichen aus der noblen Kunst des endlosen Umherschweifens geboren wurden. Ich bin mir nicht sicher, ob meine Arbeit das widerspiegelt. Aber für die Leserinnen und Leser, die mir seit den ersten Feeds folgen, dürften die Beweggründe keine Überraschung sein.

Mit Leidenschaft widme ich mich dem Suchen, Erkunden und Teilen der visuellen Geschichte unterschiedlicher Städte. Diese Leidenschaft hat mich auch 28 Jahre später in die Stadt der Lichter zurückgeführt. Ich inhaliere förmlich jede Gegend, sauge auf, wie sich die Stimmung von einer Ecke zur nächsten und die ganze Stadt unter den unterschiedlichen Lichtverhältnissen in den Jahreszeiten verändern. Ich studiere die Menschen – Einheimische und Besucher –, in den

Salle au 3ème
ODETTE
Salle au 1er
ODETTE
PATISSERIE
Les meilleurs choux à la crème de Paris
Patisserie
ODETTE
PARIS
RUE GALANDE
RUE SAINT JULIEN LE PAUVRE
La Coquille Saint Jacques

Straßen und vertiefe mich in endlosen Gesprächen mit Kunstschaffenden und Geschäftsleuten, die meine Erfahrungen unterwegs bereichern.

Per Zufall entschied ich mich vor elf Jahren, meine Erkenntnisse auf Instagram zu veröffentlichen. Natürlich waren meine Spaziergänge nicht produktiv, denn ich habe meine ganze Kraft investiert, durch die Stadt zu mäandern und Dinge und Menschen zu beobachten. Aber unbewusst wollte ich jeden Moment, das Chaos und die Wirklichkeit der Stadt in meinen Fotos festhalten. Ein Freund schlug mir vor, meine Eindrücke in sozialen Medien zu teilen. So begann ich, Einladungen von Freunden auszuschlagen, nur um weiter durch die Straßen zu ziehen, die ich bereits kannte. An dem Tag, an dem ich eine vielversprechende Shopping-Tour ablehnte, um das gedämpfte Winterlicht an der Themse im Regen einzufangen, wurde ich endgültig zur *Flâneuse*.

Diese Art, sich einer Stadt zu nähern, ist sehr bereichernd und spontan, hat aber auch Einschränkungen. Vor allem in einer so berühmten Stadt wie Paris geriet ich ständig in den höchst herausfordernden Konflikt zwischen dem Drang zu gehen, zu verweilen und sich in den gemütlichen Ecken zu verlieren, und der Verpflichtung, meine Wege durch die einzelnen Stadtteile systematisch in einem Buch zu erfassen. Erst nach einigen Reisen wurde mir klar, welche Richtung ich einschlagen wollte. Ich denke, dieses Buch unterscheidet sich von meinen Büchern über London und New York, weil ich Sie weniger dazu ermutige, Ihren Blick von den bekannten Sehenswürdigkeiten in die kleinen Straßen und Stadtteile zu richten. Stattdessen schlage ich Ihnen wie in meinem Buch über Dublin vor, sich auch die Schattenseiten und deren Schönheit anzuschauen.

In Paris habe ich in den bekannten Gegenden zu viel Schönes entdeckt, um es zu ignorieren. Aber keine Sorge: Ich werde Sie den Touristenströmen auf den Montmartre hinterherschicken, sondern meinen idealen Weg dorthin beschreiben. In diesem Buch finden Sie zahlreiche Vorschläge, wie Sie die Stadt erkunden können. Darüber hinaus feiert es die Stadt in den verschiedenen Jahreszeiten und Sie erhalten eine Auswahl an Insider-Adressen sowie einige Tipps für Ihre eigene Postkarten vom »Paris, wie es keiner kennt«. Die Geografie der *Arrondissements* (Stadtbezirke) kann verwirrend sein, daher findet sich im Buch eine Übersicht mit den bekanntesten Sehenswürdigkeiten. Die Liste ist nicht vollständig oder streng, denn ganz im Sinne von Balzac habe ich dies erkannt: Egal wie sehr ich alle Wahrzeichen erkunden und darüber schreiben möchte, es wird immer unbekannte Höhlen, Blumen, Perlen und sogar Monster geben, die Sie selbst entdecken müssen.

DU PAIN ET DES IDEES
ANGERIE
34

RESTAURANT
RESTAURANT

PARIS
MON AMOUR

LA MAISON
CADEAUX
entrée libre
10h30 – 19h

RESTAURANT

LEITFADEN ZU DIESEM BUCH

Der größte Teil dieses Buches ist ein visuelles Fest der schönsten Plätze, die ich bei meinen Spaziergängen durch Paris entdeckt habe. Hier erfahren Sie, wie Sie die einzelnen Viertel (*Quartiers*) am besten und auf bequeme Weise kennenlernen. Eine wohl überlegte Auswahl an Orten soll Gästen der Stadt und Einheimischen Inspirationen für ihre Freizeit liefern. Diese Auswahl ist nicht vollständig und soll auch nicht als strenge Vorgabe dienen.

Das Buch ist in fünf Teile untergliedert: Tipps zum Fotografieren, eine allgemeine Übersicht über die schneckenförmige Anordnung der *Arrondissements*, Paris im Laufe der Jahreszeiten und schließlich eine Liste von Orten, die Sie unbedingt ansteuern sollten.

In den Fototipps finden Sie hilfreiche Hinweise zu den schönsten Motiven, mit denen Sie Ihr Fotobuch schmücken können.

Das Kapitel zu den Stadtteilen ist, wie der Name schon sagt, nach den Gegenden der Hauptstadt angeordnet, die die Ästhetik und den Charme der wunderschönen Stadt aufleben lassen. Die Vorschläge sind nach *Arrondissements* gegliedert und einige Gegenden habe ich in einem Kapitel zusammengefasst, weil es logistisch sinnvoll ist und sie einander ergänzen. Dieser Teil enthält auch eine Vielzahl von spannenden Orten, die einen Besuch wert sind, von Geschäften bis zu Cafés, von Galerien bis zu Parks. Sie können die Kapitel zu den einzelnen Stadtteilen unabhängig voneinander lesen oder miteinander verknüpfen. Auch können Sie einen Spaziergang von Anfang bis Ende verfolgen oder die Stadtteile in beliebiger Reihenfolge und Auswahl besuchen. Die Karten am Anfang jedes Kapitels wurden von Holly Webber illustriert. Sie zeigen, was Sie in dem Stadtteil erwartet, sind aber nicht maßstabsgetreu. Für die meisten Stadtteile gibt es eine ideale Route zu Fuß, einige jedoch bieten keinen optimalen Weg, sondern führen die Sehenswürdigkeiten gesammelt auf.

Das nächste kurze Kapitel würdigt die verschiedenen Jahreszeiten von Paris. Darauf folgt eine Liste sorgsam ausgewählter Adressen, die Sie auf Ihrem Weg durch das Paris, wie es keiner kennt, besuchen können.

MERCI

RARETES, CURIOSITES ET PRODUITS EXOTIQUES
ACCESSOIRES POUR L'HYGIENE BUCCALE
INSTRUMENTS DE LA POGONOTOMIE - PINCEAUX POUR LA BARBE

TEIL I

TIPPS ZUM FOTOGRAFIEREN

Jeder Mensch kann ein Fotobuch erstellen oder ein Instagram-Konto anlegen. Dazu müssen Sie kein professioneller Fotograf sein. Auch eine professionelle Fotoausrüstung ist nicht nötig. Schauen Sie einfach genau hin, fotografieren Sie und erweitern Sie Ihr Portfolio immer und immer wieder. Der wichtigste Tipp dabei lautet: Nichts muss perfekt sein! Ich selbst habe das unglaubliche Glück, dass mich die Fotografie und das visuelle Geschichtenerzählen begeistern. Aber mit Ausnahme eines kurzen Kurses an der London School of Photography habe ich keine spezielle Ausbildung genossen. Jedoch habe ich in den letzten elf Jahren seit meinem ersten Instagram-Beitrag viel fotografiert. Es fällt mir nach wie vor schwer, mich als Fotografin zu bezeichnen, dennoch versuche ich immer und immer wieder, das perfekte Foto aufzunehmen. Im Folgenden finden Sie einige Tipps, die Ihnen in Paris helfen können.

SUCHEN SIE DAS LICHT

Für jedes schöne Foto ist das Licht das A und O. Natürliches Licht ist dabei immer die beste Lösung. Eine in die Sommersonne getauchte Stadt sieht anders aus als im Winterlicht. Der strahlend blaue Sommerhimmel von Paris macht das Fotografieren zur Herausforderung, hebt aber alle Vorzüge der Stadt hervor: Die Menschen tummeln sich an der Seine, auf Caféterrassen und auf den Grasflächen der verborgenen Parks – ein Paradies für jeden Fotografen. Ich liebe die Stadt in jeder Jahreszeit, aber am liebsten fotografiere ich an hellen, bewölkten Tagen, wenn das Licht sich sanft und gleichmäßig über die Stadt und ihre Menschen legt. Aber auch die goldenen Stunden in der Morgen- oder Abenddämmerung sind fantastisch. Suchen Sie mitten am Tag, wenn das Licht am hellsten und härtesten ist, nach Schattenplätzen oder fotografieren Sie in Innenräumen. Kurz gesagt: Fotografieren Sie möglichst in weichem, natürlichem Licht, um ein herausragendes Bild zu erzielen.

Passen Sie Ihre Augen und das Fotografieren an die Jahreszeit und auch an die Tageszeit an. Wenn Sie eine Szene mit einem Kaffee oder einem hübschen Frühstück in einem Innenraum festhalten möchten, wählen Sie einen Tisch in Fensternähe. Vermeiden Sie direkten Lichteinfall durch die Fenster, denn damit entsteht das gleiche Problem wie beim Fotografieren in direktem Sonnenlicht.

Ein wenig gedämmtes Licht wie bei einem bewölkten Himmel erzeugt ein besseres Bild. Schulen Sie Ihr Auge für dieses Licht. Wenn Ihnen dies gelingt, werden Sie Wolken ganz anders wahrnehmen.

Mit ein wenig Recherche finden Sie die besten Orte in der Stadt, an denen Sie die Magie des Sonnenaufgangs oder Sonnenuntergangs festhalten können. Entlang des Flusses oder auf den Brücken mit Blick über die Dächer von Paris ist es am besten. Planen Sie Ihren Besuch entsprechend, um die schönsten Ergebnisse zu erzielen.

IMMER MIT DER KAMERA / DEM SMARTPHONE IN DER HAND

Paris ist der Traum eines jeden Fotografen und es gibt immer und überall ein besonderes Motiv. Wenn Ihre Fotos Menschen in ihrem Alltag darstellen, erhält die Geschichte, die Sie mit dem Foto erzählen möchten, eine besondere Tiefe. Ich suche meist nach einem Menschen oder einer Umgebung, der oder die den Stil und die Stimmung der Gegend verkörpert: ein Pariser Herr, der im Buchladen am linken Flussufer stöbert, oder der *Flâneur*, der durch die charmanten, überdachten Passagen bummelt. Erfassen Sie genug, um eine Geschichte zu erzählen, aber nicht so viel, dass sich das Motiv darin verliert. Finden Sie das Gleichgewicht, bei dem das Motiv nicht auf den ersten Blick zu erkennen ist. Schnell ergeben sich Gelegenheiten für spontane Aufnahmen. Seien Sie vorbereitet. Alternativ können Sie nach einem passenden Ort suchen und warten, und sich Spontaneität und Imperfektion zunutze machen.

ACHTEN SIE AUF DETAILS

Erzählen Sie, dass Sie in Paris sind, ohne zu sagen, dass Sie in Paris sind: Vermitteln Sie einen Eindruck von dem Ort, indem Sie im Hinter- oder Vordergrund des Fotos typische Details von Paris auftreten lassen, die das Bild aber nicht dominieren. Mit einem Menschen erhält das Foto mehr Kontext und Seele. Die charaktervollen

RELIURE
LIBRAIRIE ANCIENNE & MODERNE

Stadtteile von Paris sowie die Ufer und Brücken der Seine sind voller erstaunlicher Details – ein bedeutendes Monument, eine Pariser Haustür, ein Gebäude aus dem Mittelalter, Liebende an der Seine, eine Gruppe von Freunden, die sich an einem Sommerabend auf den grünen Senat-Stühlen im Jardin du Luxembourg treffen, oder ein perfekt gekleideter Kellner. Nehmen Sie ich Zeit und komponieren Sie Ihre eigene Geschichte, die Sie mit Ihrem Bild erzählen.

Wenn Sie eine perfekte Fassade zum Fotografieren gefunden haben, aber gern eine Person auf dem Bild hätten, warten Sie einfach geduldig, bis die passende Person in die Szene läuft. Betrachten Sie das Bild durch den Sucher und versuchen Sie, störende Motive zu beseitigen oder zu vermeiden. Natürlich muss Ihr Bild nicht perfekt sein; auch eine Gruppe kleiner Bistrotische kann ein wunderbares Motiv sein, selbst wenn die Kaffeetassen leer sind. Ich bin nahezu besessen von den Kaffeetassen von »Cafés Richard«, die ich überall in der Stadt gefunden habe. Ich liebe es, sie zu fotografieren, wenn sie leer und verlassen auf einem Tisch stehen, und zu überlegen, wer sie wohl dort zurückgelassen hat und welche Geschichte mit dieser Person verknüpft sein könnte.

FINDEN SIE DIE RICHTIGE PERSPEKTIVE

Die Perspektive spielt eine wichtige Rolle für Fotos von einer Stadt. Versuchen Sie, einen außergewöhnlichen Winkel zu finden. Fotografieren Sie von oben, um eine neue Perspektive auf eine Szene zu bekommen. Suchen Sie auf Dächern nach schönen Details, fotografieren Sie die Seine und ihre Umgebung von einer der vielen Brücken. Wenn Sie Straßen und Gebäude aus der Vogelperspektive fotografieren, nehmen sie ganz erstaunliche Formen an. Gebäude sind groß und Straßen sind eng, sie müssen also kreativ werden, um ein tolles Foto zu machen. In einer Stadt wie Paris ist ein Weitwinkelobjektiv (es kann in Ihr Smartphone integriert sein oder als Objektiv zu Ihrer Spiegelreflexkamera gehören) die beste Lösung.

St REGIS
CAFE
GLACE
ESCALE

TEIL II

DIE GEOGRAFIE VON PARIS

Le Flore en L'Ile

Café de Flore
CAFE DE FLORE

AU PETIT FER A CHEVAL
LAIT
CHOCOLAT
ET
THE
BIERE
TELEPHONE

DIE ARRONDISSEMENTS VON PARIS

#prettycityparis

PRETTY CITY PARIS

Paris ist in zwanzig *Arrondissements* unterteilt, die spiralförmig im Uhrzeigersinn vom *1.* in der Mitte bis *zum 20.* im Osten über der Seine angeordnet sind. Das Herz der Stadt sind die beiden kleinen Inseln – die Île Saint-Louis und die Île de la Cité –, die im Zentrum den Fluss in Form der Zahl acht fließen lassen. Die *Arrondissements* werden außerdem durch den Fluss geteilt. Am rechten Ufer (*Rive Droite*) nördlich der Seine befinden sich vierzehn *Arrondissements*, das 1. bis 4., das 8. bis 12. und das 16. bis 20. An das linke Ufer (*Rive Gauche*) südlich der Seine grenzen nur sechs Arrondissements, das 5. bis 7. und das 13. bis 15. Darüber hinaus beherbergt die Stadt Paris große Parks: die Tuileriengärten und der Jardin du Luxemburg am linken Ufer sind die bekanntesten, aber es gibt noch zahlreiche weitere, die sich wie eine Punktewolke über die gesamte Stadt ausbreiten. Paris ist zudem eingebettet in zwei ausgedehnte Waldgebiete, den Bois de Boulogne im Westen und den Bois de Vincennes im Osten.

Wie in vielen kosmopolitischen Städten haben auch die meisten Pariser Bezirke ihren eigenen Charakter. Beim Lesen der einzelnen Buchkapitel werden Sie feststellen, dass die Kapitel zu den Stadtteilen nicht zwangsläufig mit den *Arrondissements* identisch sind, sondern eher meinen Weg durch die *Quartiers* widerspiegeln. Jedes Kapitel enthält einen strukturierten Plan, mit dem Sie Ihre Reise gut planen können. In manchen Kapiteln werden auch mehrere *Arrondissements* beschrieben, andere konzentrieren sich auf nur einen Stadtbezirk. Auf jeden Fall können Sie sich so besser orientieren, bevor Sie mit dem Fotografieren loslegen. Außerdem gibt es einen Überblick über die im Buch vorgestellten *Arrondissements*, in dem die Höhepunkte, für die das *Quartier* bekannt ist, und ein paar Geheimtipps aufgeführt sind, die ich entdeckt habe.

Das ***1. Arrondissement*** liegt mitten in der Stadt hauptsächlich am rechten Ufer und beherbergt die meisten Monumente. Es ist vor allem für den *Louvre*, den Königspalast, den weitläufigen Tuileriengarten sowie die Luxusboutiquen und -hotels berühmt. Ich möchte Ihnen nicht raten, diese Sehenswürdigkeiten gänzlich wegzulassen, allerdings sollten Sie lieber die schönen Kunsthandwerksläden, historischen Cafés und weniger bekannten Museen, Parks und Gärten besuchen. Der *Jardin du Palais-Royal* und die ***Place Dauphine*** sind besondere Höhepunkte.

Das angrenzende ***2. Arrondissement***, der einstige Bekleidungsbezirk von Paris, zählt nicht zu den Top-Attraktionen für Touristen, zum einen fehlen berühmte Wahrzeichen, zum anderen sind dort vor allem Technologieunternehmen und Zentralen von Banken zu finden.

CAFE BAR
LE NEMOURS

AU ROCHER DE CANCALE
78
ROCHER DE CANCALE
CAFE

7

Le Petit Médicis

Doch wenn Sie dieses Buch als Reiseführer nehmen, mäandern Sie durch überdachte Passagen aus dem 19. Jahrhundert, lassen Ihre Sinne in der wunderschönen Marktstraße ***Rue Montorgueil*** betören und bummeln über die mit Caféterrassen gesäumten *Grands Boulevards*, auf denen Sie Paris wie im Kino genießen können.

Die beiden aristokratischen und gefeierten ***3. und 4. Arrondissements***, als ***Le Marais*** bezeichnet, sind weithin bekannt für ihr Straßenlabyrinth, die schiefen Gebäude, stylischen Cafés und Designerateliers. Dieser Bezirk gehört zu den wenigen Orten in der Stadt, die Haussmann nicht Mitte des 19. Jahrhunderts umgestaltet hat. Im 3., dem ***Haut-Marais*** (Oberen Marais), reihen sich trendige Cafés und Geschäfte wie an einer Perlenkette auf. Hier befindet sich das *Picasso-Museum* und es ist Heimat der jüdischen Gemeinden von Paris. Eine wunderbare Gegend zum plan- und ziellosen Schlendern, doch in diesem Buch stelle ich Ihnen auch einige einzigartige Schätze vor – vom Concept Store und Café *Merci* bis zum winzigen *Boot Café*. Der Weg führt vorbei am *Marché des Enfants Rouge, dem* Porzellangeschäft *Alix D. Reynis*, dem Chocolatier *Méert*, der *Pâtisserie Bontemps* und der außergewöhnlichen Beauty-Boutique *Buly 1803*, um nur einige der wundervollen Entdeckungen zu nennen. Das 4. *Arrondissement* beherbergt nicht nur das *Centre Pompidou*, die Kathedrale *Notre-Dame* und das *Musée d'Art Moderne*, sondern weist auch viele Eigenschaften des 3. auf. Dieser Teil des Stadtteils Le Marais wird ***Bas-Marais*** (Unterer Marais) genannt. Dieses Buch führt Sie durch die reizenden Straßen des mittelalterlichen ***Village Saint-Paul*** und lädt Sie ein, auf den weichen Rasenflächen der *Place des Vosges* zu verweilen.

Teile der Île de la Cité und die gesamte Île Saint-Louis liegen im 4. *Arrondissement*. Erstere ist die älteste Siedlung von Paris; heute sind hier Notre-Dame und die *Conciergerie* zu finden. Die Île Saint-Louis weist hingegen keine Wahrzeichen auf. Doch dank ihrer romantischen Atmosphäre und der herrlichen Umgebung in der Nähe der Seine gehört sie zu den beliebtesten der in diesem Buch beschriebenen Gegenden.

Auf der anderen Seite der Seine befindet sich das historische ***Quartier Latin***. Es liegt im ***5. Arrondissement*** und verdankt seinen Namen der beeindruckenden *Universität Sorbonne*, zu deren Gründungszeit im Mittelalter der Unterricht in Latein abgehalten wurde. In diesem Stadtbezirk sind vor allem der historische *Panthéon* und die Sorbonne sehenswert. Auch heute ist dies ein Studierendenviertel. Die unzähligen Sehenswürdigkeiten, Literaturcafés und die alte römische

Marktstraße ***Rue Mouffetard*** (von den Parisern liebevoll *La Mouffe* genannt) sind bei Touristen und Einheimischen gleichermaßen beliebt.

Dieser Reiseführer konzentriert sich jedoch auf die altehrwürdigen Schätze, die in dem Irrgarten aus gepflasterten Straßen und mehrgeschossigen Gebäuden auftauchen. Im Kapitel zum Quartier Latin stelle ich Ihnen ungeahnte Juwelen wie die Buchläden *Shakespeare and Co.* und *Abbey Bookshop*, reizende Cafés, Kunsthandwerkläden, den *Jardin des Plantes* und die *Bouquinisten* an der Seine vor.

Das angrenzende ***6. Arrondissement***, auch unter dem Namen ***St-Germain-des-Prés*** bekannt, befindet sich am linken Seine-Ufer und ist mit seinen charmanten Attraktionen im Stil alter Zeiten bei Touristen und Einheimischen als die »Quintessenz von Paris« beliebt. Flankiert vom eleganten *Jardin du Luxembourg* war das 6. Mitte des 20. Jahrhunderts der Treffpunkt aufstrebender Literaten und Intellektueller wie Ernest Hemingway, Simone de Beauvoir und Jean-Paul Sartre. In diesem Buch lade ich Sie ein zu einem Spaziergang durch die legendären Straßen dieses Bezirks. Ein Besuch lohnt sich immer, egal ob Sie an einem Teich im Jardin du Luxembourg relaxen, sich in das Getümmel der Gäste im stylischen *Café de Flore* stürzen, Ruhe in der Kirche *Saint-Sulpice* finden, im zeitlosen *Marin Montagut* stöbern oder die unzähligen Buchhändler an ihren Ständen am Rande der Seine besuchen.

Weiter westlich liegt das berühmte ***7. Arrondissement*** mit dem legendären *Eiffelturm*, dem *Musée d'Orsay* und dem *Marsfeld*, um nur einige Anziehungspunkte zu nennen. Meine ausgefeilte Route verläuft unter dem Schatten der Eisernen Lady und durch eine Schatzkiste an Marktstraßen (***Rue Cler***), Geschäften, Cafés und Museen vorbei am Kuriositätenladen *Deyrolle*, dem Blumenkünstler *Aoyama*, dem *Rodin-Museum* und dem Edel-Warenhaus *Le Bon Marché* – alles im Stil einer ausgewogenen Eleganz.

Auf der anderen Seine-Seite liegt das quirlige ***8. Arrondissement***. Die meisten kennen hier die ***Champs-Élysées*** und den ***Arc de Triomphe*** sowie die Edel-Boutiquen entlang des Goldenen Dreiecks, die Luxushotels (wie das *Plaza Athenée* und das *Four Seasons George V*) und die große Kultur – viel große Kultur. Ich schlage eine Route vor, die diesen Bezirk mit dem 1. und dem 16. verbindet. Hier werden Sie auch einige weniger bekannte Juwelen entdecken.

Das ausgedehnte ***9. Arrondissement*** umfasst zwei berühmte Stadtteile: ***Pigalle*** und ***Opéra***. Letzterer ist für seine Theater und die großen *Magazins*

(Kaufhäuser) bekannt. Kunstliebhaber zieht es in das Belle-Époque-Opernhaus *Palais Garnier* und Shoppingliebhaber in das Belle-Époque-Kaufhaus *Galeries Lafayette* auf dem ***Boulevard Hausmann***. Pigalle ist Heimat des legendären *Moulin Rouge* und des Rotlichtbezirks.

Die eher zwielichtige Vergangenheit dieses Stadtteils wurde abgelöst durch seinen guten Ruf für hippe Restaurants und Cafés sowie ein buntes Nachtleben. Mithilfe dieses Buches können Sie in die wuselige Food-Szene in der ***Rue des Martyrs*** eintauchen, in den Geschäften und Bohème-Läden im Stadtteil Saint-Georges verweilen und bei einem Spaziergang durch den Stadtteil *La Nouvelle Athènes* und einem Besuch im *Musée de la Vie Romantique* die Ergebnisse der aus der Romantik hervorgegangenen neoklassizistischen Architektur erleben, bevor Sie durch die charmanten Straßen zum ***Montmartre*** aufsteigen.

Ganz in der Nähe befinden sich weiter östlich das 10. und das 11. ***Arrondissement***. Sie ähneln einander sehr, da ihre weniger attraktive Vergangenheit den Weg zu moderneren und beliebteren Stadtteilen geebnet hat. Die Vielzahl an Künstlern und die unbeschwerte Stimmung des ***Canal Saint- Martin*** verleihen diesem Viertel einen ganz besonderen Charme. Neben einer Route für einen Spaziergang habe ich die schönsten Straßen aufgeführt, in denen Sie die einzigartigen Schätze und die außergewöhnliche Stimmung antreffen werden.

Das ***16. Arrondissement*** ist mit seinen vielen Museen der prächtigste Bezirk von Paris. Genießen Sie dieses große und wohlhabende *Arrondissement* auf dem wunderschönen Weg durch den Stadtteil ***Passy***.

Montmartre – das heiß geliebte ***18. Arrondissement*** – wird in einem Atemzug erwähnt mit der Basilika *Sacré-Coeur* aus dem 19. Jahrhundert, dem stimmungsvollen Kopfsteinpflaster der ***Place du Theatre***, einigen erhalten gebliebenen Windmühlen und unvergleichlichen Ausblicken auf die Stadt der Lichter. Ich empfehle Ihnen nicht, den Touristenprozessionen auf den Berg zu folgen. Stattdessen zeige ich Ihnen, wie Sie in ganz ruhigen Straßen, kleinen Museen und charmanten Cafés entspannen können. Die ***Rue Caulaincourt***, ***Rue Durantin***, ***Rue Gabrielle***, ***Rue des Trois Frères***, ***Rue Tholozé***, ***Rue Lamarc****k* und ***Rue de l'Abreuvoir*** sind alle sehenswert. Ein Gemüsehändler, Antiquitätenläden, eine *Pâtisserie*, eine *Boulangerie* und ein oder zwei Museum tauchen entlang Ihres Spaziergangs durch die gewundenen Straßen auf. Eilen Sie nicht den Hügel hinauf, sondern verweilen Sie und saugen Sie die Eindrücke auf.

LA PLACE DAUPHINE

TEIL III

DIE VIERTEL

TUILERIEN, CHAMPS-ÉLYSÉES UND TROCADÉRO

1., 8. UND 16. ARRONDISSEMENT

BREITE, MIT BÄUMEN GESÄUMTE BOULEVARDS FÜHREN VORBEI AN HAUTE COUTURE UND NOBELRESTAURANTS, GROSSARTIGEN MUSEEN, ELEGANTEN PARKS UND FÜNF-STERNE-HOTELS.

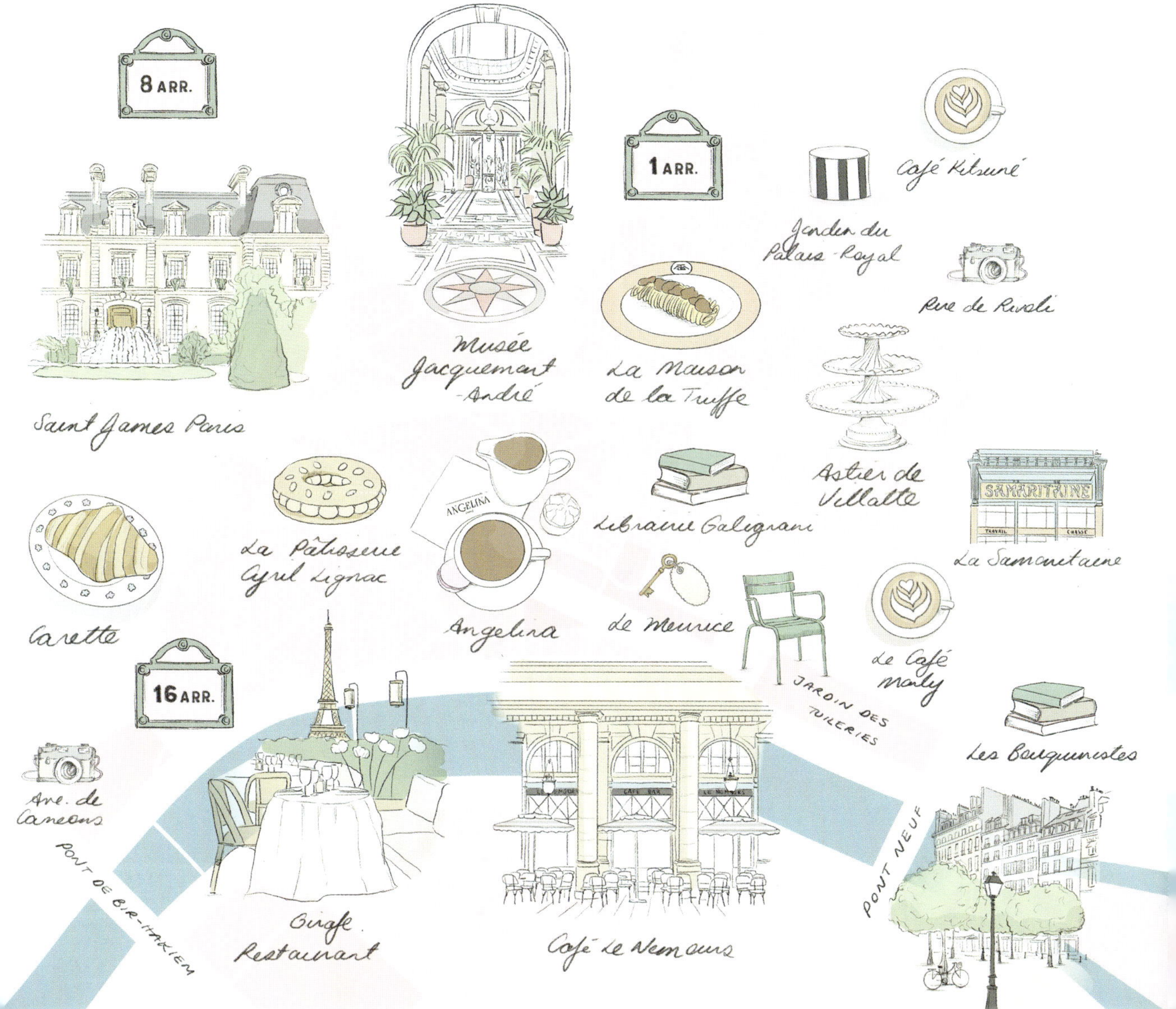

TUILERIEN, CHAMPS-ÉLYSÉES UND TROCADÉRO

#prettycityparis

LA SAMARITAINE 9 Rue de la Monnaie
ASTIER DE VILLATTE 173 Rue St Honoré

LIBRAIRIE GALIGNANI 224 Rue de Rivoli
LES BOUQUINISTES Face Vilmorin, FACE, 6 Quai de la Mégisserie

GIRAFE RESTAURANT 1 Pl. du Trocadéro et du 11 Novembre
LA MAISON DE LA TRUFFE 19 Pl. de la Madeleine

LA PÂTISSERIE CYRIL LIGNAC 2 Rue de Chaillot

MUSÉE JACQUEMART-ANDRÉ 158 Bd Haussmann

CAFÉ LE NEMOURS 2 à 7 Galerie de Nemours, 2 Place Colette
CARETTE 4 Pl. du Trocadéro et du 11 Novembre
ANGELINA PARIS 226 Rue de Rivoli
LE CAFÉ MARLY 93 Rue de Rivoli
CAFÉ KITSUNÉ 51 Gal de Montpensier

SAINT JAMES PARIS 5 Pl. du Chancelier Adenauer
LE MEURICE 228 Rue de Rivoli

Jardin des Tuileries, Pont de Bir-Hakeim, Av. de Camoens, Parc Monceau, Rue de Rivoli, Jardin du Palais-Royal, Place Dauphine, Pont Neuf

PRETTY CITY PARIS

Café Kitsuné
Café Kitsuné
PARIS

TUILERIEN (1. ARRONDISSEMENT)

Das 1. – das Herzstück der Stadt – birgt die schönsten und bekanntesten Symbole. Ein wenig Vorwissen ist jedoch nützlich, um es besser zu verstehen. Der Bezirk erstreckt sich über Ufer der Seine, umfasst den Louvre, die üppigen Grünflächen der Tuileriengärten und des Jardin du Palais-Royal sowie das Palais-Royal selbst. Es ist das royale und historische Herz der Stadt. Ich gehe davon aus, dass Sie die Hauptattraktionen bereits abgehakt haben und nun die Stadt ohne den Stress der Warteschlangen vor der »Mona Lisa« genießen möchten. Daher habe ich hier für Sie einige der weniger bekannten Orte zusammengefasst. Vielleicht müssen Sie ein Taxi oder die Metro nehmen, um von einem Ort zum anderen zu gelangen. Aber durch die Tuilerien sollten Sie auf jeden Fall zu Fuß gehen.

Starten Sie Ihren Tag im *Jardin du Palais-Royal*, ***43 rue de Valois***. Die Gärten des ruhigen und schönen Palais Royal wirken erstaunlicherweise nie überlaufen. Vielleicht, weil sie sich so nahe am Louvre und eingerahmt vom Palais Royal und drei Säulenarkaden ein wenig versteckt haben und nicht so leicht zu finden sind. Die Parkanlage ist 20.850 m2 groß und wurde 1629 von Jacques Lemercier im Auftrag von Kardinal Richelieu angelegt. Nehmen Sie den idyllischen Weg durch eine der vier doppelreihigen Lindenalleen oder weiter oben durch die Kolonnaden und zu den berühmten bonbonfarben gestreiften Säulen. Eigentlich sollten Sie beide Wege gehen, im Café Kitsuné eine Pause einlegen oder unter den elektrischen Leuchten und entlang der vielen wunderbaren Läden in diesen alten Arkaden schlendern.

Der Mittelgarten ruft Erinnerungen an längst vergangene Zeiten wach und ist ein echter Höhepunkt: einfach und doch beeindruckend, Wege mit altem Baumbestand, zwei wunderbare Rasenflächen und ein großer Springbrunnen umgeben von den legendären Senat-Stühlen. Im Innenhof, früher der Wagenplatz, präsentieren sich heute die berühmten Kunstinstallationen, die er französische Künstler Daniel Buren Mitte der 80er-Jahre geschaffen hat. Das Werk besteht aus 260 schwarz-weißen Säulen, die im Untergeschoss wurzeln und in unterschiedlichen Höhen ins freie ragen. So entsteht ein ungewöhnlicher Kontrast zu der klassischen Architektur des Palasts. Ein erhebender Anblick!

S.A. des
JULES TOURNIER et
MAZAMET
FILATURES & TISSAGES
Café Kitsuné
PARIS
glaces
et sorbets

RESTAURANT
VEFOUR
SALLE DE SOCIÉTÉ

BAR À CHAMPAGNE
COQUILLAGES & CRUSTACÉS
PLAT DU JOUR
VINS FINS

WICHTIGE ADRESSEN

Café Kitsuné, **51 Galerie de Montpensier**
Das Maison Kitsuné, eine Bekleidungsmarke und in gewisser Weise eine Pariser Institution, hat das Café Kitsuné mitten in der Parkanlage bei Nummer 51 eröffnet. Hier gibt es großartigen Kaffee, Eis und Matcha-Latte.

Le Grand Véfour, **17 Rue de Beaujolais**
Dieses französische Nobelrestaurant aus den 1700er-Jahren unter den Joinville-Kolonnaden gibt durch drei Bögen den Blick auf den Park des Palais Royal frei. Wer hier durch die Tür kommt, fühlt sich in die Vergangenheit zurückversetzt. Das im 17. Jahrhundert errichtete Gebäude atmet die ihm eigene »Grandeur« in den kunstvoll geschnitzten Deckenvertäfelungen und -bordüren. Zudem ist es seit seiner Eröffnung das Epizentrum der politischen, literarischen und künstlerischen Pariser Kreise. Man sagt, Napoleon Bonaparte habe hier seiner Frau Joséphine einen Heiratsantrag gemacht, und Victor Hugo, Jean-Paul Sartre, Simone de Beauvoir und Colette haben hier ihre Glanzzeiten verbracht.

Le Grand Colbert, **2 Rue Vivienne**
Diese traditionelle Brasserie überzeugt durch die Mischung aus spielerischem Jugendstil und schmackhaften Gerichten. Die auffälligen Mosaikkacheln sind identisch mit denen in der nahe gelegenen Galerie Colbert. Die deckenhohen Spiegel, übergroßen Pflanzen und kunstvollen Wandbilder vervollständigen das Ambiente. Ein märchenhafter Ausflug in die Belle Époque von Paris mit einer bodenständigen Speisekarte – kein Wunder, dass das Restaurant in bekannten Spielfilmen einen Auftritt bekommen hat: *Was das Herz begehrt* von Nancy Meyer ist der wohl bekannteste darunter.

Oriza L. Legrand, **18 Rue Saint-Augustin**
Treten Sie unter das hellgrüne Vordach und öffnen Sie die Tür zu dieser kleinen Boutique: Sie ist vollgepackt mit Parfümflaschen in außergewöhnlichen Verpackungen und mit poetischen Namen. Ein Besuch gleicht einer Reise in die 1700er-Jahre. Genau genommen ins Jahr 1720, als die Parfümerie Oriza ein Geschäft im Cour Carrée, einem der Haupthöfe des Louvre-Palastes, hatte und offizieller Parfüm-Hoflieferant für Ludwig XV. war.

Folgen Sie nun meiner Route durch die Gärten des Palais Royal und zur ***Place Colette***, wo Sie das *Café Le Nemours* finden. Dieses berühmte und beliebte Bistro erfüllt eigentlich alle Klischés, doch ein Besuch dieser Pariser Institution ist ein Muss. Es liegt märchenhaft zwischen den Jardins du Palais-Royal und dem Louvre und öffnet den Blick auf die Place Colette. Das Le Nemours ist von morgens bis spät abends geöffnet. Hier können Sie hervorragend sitzen und Menschen beobachten. Ich komme am liebsten am frühen Morgen, setze mich auf die Terrasse und genieße die Ruhe. Aber auch im Gewimmel der Abendgäste ist es atemberaubend.

Danach gehen Sie weiter zur ***Rue Saint-Honoré***, einer belebten Straße mit einer Fülle bekannter Museen, historischer Wahrzeichen und Luxusgeschäfte. Ich möchte Sie jedoch nur auf eine Handvoll Kleinode aufmerksam machen. Besuchen Sie zuerst *Astier de Villatte* in der Hausnummer 173. Ich habe deren handgefertigte Keramik und den Duft dieser Kerzen schon immer gemocht, dennoch habe ich die Boutique bei der Tour für dieses Buch zum ersten Mal besucht. Benoît Astier de Villatte und Ivan Pericoli haben sie 2000 eröffnet. Sie übernahmen dafür ein Gebäude, in dem zwei Jahrhunderte lang Reichsinsignien erhältlich waren, darunter Zepter, Krone und Reichsapfel für die Krönung von Napoleon I. Im Inneren atmet der Duft alter Gemäuer, herrlicher Blumenbouquets und alter, voller Respekt aufbewahrter Möbel, in denen in Paris handgefertigte Porzellan- und Glasstücke, Duftkerzen, Räucherwerk und Tagebücher mit Goldschnitt ausgestellt sind.

Wenn Sie vom vielen Herumstöbern ein wenig müde geworden sind – und selbst, wenn Sie sich noch frisch fühlen, – sollten Sie im *Café Verlet* vorbeischauen. Sie finden es auf der gegenüberliegenden Straßenseite in Nummer 256. Auch das Café Verlet ist mehrere hundert Jahre alt und war seit 1880 Hoflieferant für Tee, Kaffee, Gewürze und kandierte Früchte. Verlet ist das älteste noch aktive Pariser Kaffeeunternehmen und lädt Kaffeefans ein, über dreißig Kaffeearten und noch mehr Teesorten zu verkosten und zu erwerben. Neben der alten Ladentheke mit den wohlriechenden Schubladen und offenen Regalen können Sie auch einfach vor Ort einen Kaffee oder Tee genießen. Darüber hinaus stehen zahlreiche Köstlichkeiten auf der Speisekarte, darunter die herrlichsten Gebäckstücke aus der Hand des *Pâtissiers* Carl Marletti.

Nun empfehle ich die ***Rue de Rivoli***, eine breite Straße, die durch das 1. und 4. *Arrondissement* verläuft und ein großes, ästhetisches Vergnügen

da rosa
Ouvert tous les jours
11H00 - 23H30
www.darosa.fr

ist. Der schönste Teil befindet sich zwischen Hausnummer 208 und 228 (Café Kitsuné und *Le Meurice)*.

In Nummer 224 finden Sie den Buchladen *Librairie Galignani,* in der 226 den Tearoom *Angelina* und das Hotel Le Meurice mit seinen quirligen und beliebten Restaurants in Hausnummer 228. Wenn Sie doch lieber weitergehen, können Sie sich eine besondere Freude machen: Reservieren Sie einen Platz im *Le Café Marly*. Gehen Sie auf der Rue de Rivoli Richtung Südosten bis zu ***Passage de Richelieu***, wo das Le Café Marly auf der rechten Seite liegt. Dieses sehr beliebte Restaurant befindet sich an einem der schönsten Orte von Paris – ein Besuch ist zu jeder Gelegenheit ein Geschenk. Von der Terrasse unter den Arkaden des Louvre haben Sie bei jedem Wetter einen fantastischen Blick auf die Glaspyramiden. An schönen Tagen verteilen sich die Tische und Stühle auf dem steinernen Hof. Verständlicherweise sind die Preise entsprechend, aber mein Kaffee mit dieser Aussicht war jeden Cent wert.

Für ein bisschen außergewöhnliche Kultur sollten Sie zur *Bourse de Commerce – Pinault Collection* in der 2 ***Rue de Viarmes*** gehen. Für einen Einkaufsbummel besuchen Sie *La Samaritaine*, ein Warenhaus aus den 1920ern, das 2021 wiedereröffnet wurde. Der Blick auf die *Conciergerie* und den ***Pont Neuf*** ist von hieraus besonders reizvoll. Auf der anderen Straßenseite stehen die bekannten Stände der *Bouquinisten*, die eine fantastische Auswahl alter Bücher und Drucke verkaufen.

Überqueren Sie den Pont Neuf und genießen den Ausblick. Etwa auf der Hälfte überquert die Brücke die Île de la Cité und mündet auf einen der schönsten Plätze, die ***Place Dauphine***. Sie wurde 1610 von König Heinrich IV. von Frankreich erbaut und nach seinem Sohn, dem Dauphin, benannt – einer meiner Lieblingsorte in Paris. Gehen Sie unter den Kastanienbäumen über den Platz und setzen Sie sich auf eine Bank, um die Atmosphäre auf sich wirken zu lassen und die Architektur zu bewundern. An der Ostseite des Platzes erstreckt sich das *Palais de Justice* (Justizpalast). An einem sonnigen Tag können Sie hier Menschen beobachten, die Pétanque (Boule) spielen oder ihren Hund ausführen. In den zahlreichen kleinen Cafés und Weinbars können Sie Hunger und Durst in Schach halten. Außerdem kann ich mir kaum etwas Schöneres vorstellen, als im Dunkeln draußen im Schein der Laternen zu sitzen und den Glanz des Pont Neuf und des Eiffelturms in der Ferne zu genießen.

ANGELINA
ANGELINA
PARIS

RESTAURANT
RESTAURANT

Café Palais Royal
CAFÉ PALAIS ROYAL

PALAIS
ROYAL

CAFE
LE NEMOURS

PAPETERIES GAUBERT

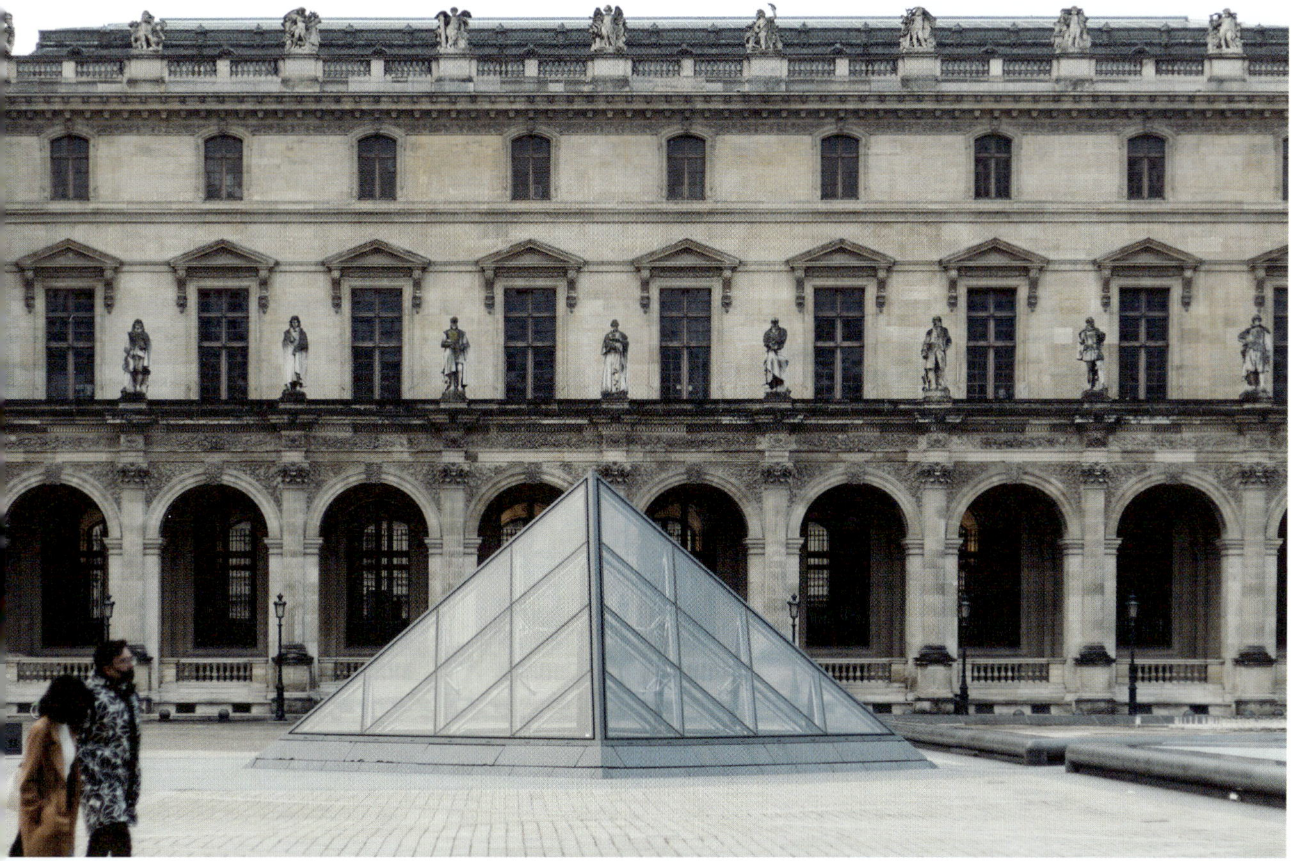

CHAMPS-ÉLYSÉES (8. ARRONDISSEMENT)

Die weitläufigen Tuileriengärten im angrenzenden 8. *Arrondissement* sind immer voller Leben, aber groß genug, um nicht beengt zu wirken. Die unzähligen Springbrunnen, Skulpturen und Teiche sind genauso schön wie die Geschichte der Gärten. Seit ihrer Gründung im 16. Jahrhundert dienten die Tuilerien als Spielplatz für Aristokraten, bevor sie im 17. Jahrhundert zu einem öffentlichen Ort wurden. Heute sind sie eine der größten Grünflächen in der Mitte des *Rive Gauche* von Paris und verbinden in perfekter Verlängerung der Champs-Élysées das Musée du Louvre mit der Place de la Concorde.

Ich liebe es, meinen Weg zur ***Champs-Élysées*** mit einem ausgedehnten Spaziergang durch den Park zu beginnen. Doch Sie brauchen auch ein wenig Zeit, um am Teich auf einem der 300 Senat-Stühle zu verweilen oder im *Musée de l'Orangerie* die »Seerosen« von Monet zu bewundern.

Angekommen an der ***Avenue Montaigne*** finden Sie sich im sogenannten »Goldenen Dreieck« wieder. In diesem Dreieck aus Avenue Montaigne, Avenue George V und Avenue des Champs-Élysées versammeln sich die besten Modehäuser und Cafés.

WICHTIGE ADRESSEN

Hôtel Plaza Athénée, **25 Avenue Montaigne**
Umgeben von den illustren Haut-Couture-Häusern wie Dior, Chanel und Louis Vuitton und mit einem beneidenswerten Blick auf den Eiffelturm ist dieses Hotel zweifellos eines der legendärsten von Paris. Seine markante Fassade mit den roten Markisen und ebenso roten Geranien ist – noch vor dem Eiffelturm – ein echter Blickfang. Ganze Generationen von Designern und Künstlern haben sich unter seinem Dach inspirieren lassen, darunter Christian Dior und Frank Sinatra. Ich hatte noch nie das Glück, hier zu übernachten, aber bei einer meiner Touren durfte ich an einer Privatführung teilnehmen. Die meisten Räume sind im Stil Ludwig XVI. eingerichtet, doch in den oberen beiden Etagen dominiert Art déco. Neben der exzellenten Ausstattung bietet des Hotel einen fantastischen Blick auf

Dior

LADUREE
8e ARR
RUE LINCOLN
LADUREE

den Eiffelturm. Chefkoch Alain Ducasse ist Herrscher über die zahlreichen Hotelrestaurants und auch ein von Christian Dior ausgestattetes Spa fehlt nicht in der Reihe der Annehmlichkeiten.

Palais de Tokyo, **13 Avenue du Président Wilson**
Ein Jugendstilpalast mit einer Mischung aus Kunst, Musik und Wissenschaft.

Wenn Sie nach einer grünen Oase suchen, sind Sie hier genau richtig. Die fantastische Café-Terrasse im *Jardin du Petit-Palais* ist nur einen Schritt entfernt.

Eine weitere empfehlenswerte Adresse im exklusiven 8. *Arrondissement* ist der *Parc Monceau*. Dieser reizende Park ist bei Touristen und Einheimischen gleichermaßen beliebt. Einen Besuch in diesem in der zweiten Hälfte des 18. Jahrhunderts angelegten, romantischen Garten empfehle ich Ihnen unbedingt. Seine Schönheit hat große Künstler wie Monet und Caillebotte inspiriert. Zu den schönsten Höhenpunkten zählen die Rotunde am Eingang am ***Boulevard de Courcelles***, die kleine Brücke über die römische Naumachie und der Teich mit der venezianischen Steinbrücke.

Verbinden Sie Ihren Besuch im Parc Monceau mit einem Besuch des *Musée Jacquemart-André*, 158 **Boulevard Haussmann**. Die Schönheiten des 8. *Arrondissement* nehmen Sie am besten zu Fuß wahr. Achten Sie auf Ihrem Weg besonders auf die reizvollen architektonischen Details, vor allem an den Villen im Haussmann-Stil.

Hinter den Türen des Museums beginnt eine weitere Zeitreise in die Belle Époque von Paris. Diese klassische Villa wurde Ende des 19. Jahrhunderts als Wohnhaus des wohlhabenden, alternden Bankiers Édouard André und seiner jungen Frau, der Künstlerin Nélie Jacquemart erbaut. Das Ehepaar kuratierte ein wunderschönes Haus voller Kunstschätze. Die Architektur dieser Villa – vor allem der großen Steintreppe – steht den Kunstwerken in nichts nach. Der Besuch dieses Museums ist ein außergewöhnliches Erlebnis.

Gehen Sie nun zurück zum Flussufer bis zur eleganten, reich verzierten Brücke ***Pont Alexander III***, die unter anderem mit der Fama der Schönen Künste geschmückt ist. Unter den vielen Pariser Brücken ist sie etwas Besonderes. Halten Sie daher kurz an, betrachten Sie die Details und lassen Sie die Stimmung der Seine und ihrer Umgebung auf sich wirken. Sie können Ihren Weg durch diesen Bezirk genau hier auf der Brücke beenden oder weiter zum 16. *Arrondissement* gehen.

5

TROCADÉRO (16. ARRONDISSEMENT)

Das weitläufige 16. *Arrondissement* erstreckt sich zu weiten Teilen am rechten Seine-Ufer über den Südwesten von Paris und den Bois de Boulogne. Charakteristisch sind die großen Museen, baumbestandenen Boulevards und großzügigen Straßen sowie noblen Modehäuser – hier lebt eindeutig die wohlhabendere Bevölkerung. Die besten Eindrücke gewinnen Sie auf der von mir vorgeschlagenen Route.

Starten Sie an der ***Place du Trocadéro***.
Es mag sich anfühlen, als leite ich Sie zum Times Square von Paris – die Place du Trocadéro kann einen nämlich regelrecht erschlagen. Doch der Besuch einer der Café-Terrassen rund um den Kreisverkehr lohnt sich auf jeden Fall. Verzichten Sie auf ein Selfie und tauchen Sie in die schicke Szene ein, um den Blick von einem der schönen Terrassenplätze bei *Carette*, 4 Place du Trocadéro zu genießen. Carette ist eine Pariser Institution aus dem Jahr 1927, eine außergewöhnliche Teestube in der modernisierten Atmosphäre der 20er-Jahre. Natürlich gibt es hier nicht nur Tee: Die Speisekarte hat auch viele spannende Alternativen für Handfesteres im Angebot. Wenn Sie etwas Außergewöhnliches bevorzugen, reservieren Sie einen Tisch auf der Terrasse des *Girafe Restaurant*, 1 Place du Trocadéro, wo Sie den atemberaubenden Blick und den Charme des 1930er-Designs von Joseph Dirand genießen können. An jedem Wochentag werden hier Mittag- und Abendessen, Cocktails und Wein serviert – Sie sollten unbedingt vorab reservieren.

Im Frühjahr könnten Sie die sanften Hügel hinablaufen, durch die Menschenmengen hindurch und durch die blühende Allee den Eiffelturm bewundern, bevor Sie entlang der Seine über die kurze, steile Treppe zurück zur ***Avenue de Camoens*** zurückgehen. Drehen Sie sich oben auf der Treppe herum, um den Eiffelturm noch einmal vor dem Hintergrund der Haussmann-Architektur zu sehen. Hier können Sie das perfekte Selfie machen, bevor Sie Ihren Weg durch das 16. *Arrondissement* fortsetzen.

Beim Schlendern durch die ***Rue Benjamin Franklin*** bis zur Kreuzung am ***Boulevard Delessert*** werden Sie viele kleine Kostbarkeiten entdecken. Die herrliche *Boulangerie Malineau* mit ihrer hellblauen Fassade und der romantische Blumenladen direkt daneben werden Ihnen sofort ins Auge fallen. Vor dem französischen Restaurant *Amourette* bildet sich vor allem an einem warmen, sonnigen

ANTIQUITÉS

CARETTE
PARIS
CARETTE
SALON D

29

Nachmittag sehr wahrscheinlich eine Warteschlange. Reihen Sie sich ein oder gehen Sie stattdessen zur ***Rue de Passy***.

Die Rue de Passy ist in vielerlei Hinsicht eine typische, zeitgenössische Einkaufsstraße in Paris, wo Sie alle wichtigen französischen Prêt-à-Porter-Marken wie Maje, ba&sh and Gerard Darel antreffen. Dennoch ist sie erwähnenswert. Stöbern Sie nach Herzenslust in allen Läden oder machen Sie einen Umweg zur ***Rue Eugène Manuel***. Bei Hausnummer 2 finden Sie eine romantische Jugendstilfassade, die es wert ist, betrachtet zu werden. Nehmen Sie sich ein wenig Zeit und achten Sie auf die Feinheiten, bevor Sie auf der Rue de Passy weitergehen.

Sie suchen ein bisschen mehr Ruhe? Dann retten Sie sich in die ***Impasse des Carrières***. Diese ist leicht zu übersehen, doch das alte, verbogene *Brocante*-Schild wird Ihnen ins Auge fallen. Genießen Sie die Ruhe in der Schmuckpassage weit entrückt von den großen touristischen Attraktionen. Gönnen Sie sich eine kleine Erfrischung auf der Veranda des Restaurants *La Villa Passy,* bevor Sie der Rue de Passy weiter bis zu *Repetto* in Nummer 36 folgen. Tauchen Sie ein in die Welt der Tanzschuhe, wie die für Brigitte Bardot gefertigten Cendrillon-Schuhe. Ein hübsches Ballettkostüm im Schaufenster erinnert an die Geschichte der Marke. Repetto fertigt seit Jahrzehnten Tanzschuhe und -kleider nach Maß. Der legendäre Cendrillon-Ballettschuh wurde kürzlich vom Museum of Modern Art erworben.

Einen echten Eindruck von Paris bekommen Sie in der ***Rue de l'Annonciation***. Hier gibt es eine *Crêperie*, eine *Pâtisserie*, einen Obst- und Gemüsehändler, einen Teesalon, noch mehr *Pâtisserien*, ein auf Austern spezialisiertes Restaurant, einen niedlichen Buchladen und sogar eine Zweigstelle von *Sézane*. Alle diese Kleinode bilden eine höchst außergewöhnliche kleine Straße im Schatten des Eiffelturms. Wenn Sie Zeit haben, lassen Sie sich von der Pracht mitreißen. Vergessen Sie aber nicht, nach der Filiale des Haushaltswarengeschäfts *Maison Sarah Lavoine* in Hausnummer 25 zu suchen. Die wunderbaren Kollektionen werden alle in einer beeindruckend umgebauten Schlosserei präsentiert.

Gehen Sie weiter zu *Maison de Balzac*, 47 ***Rue Raynouard***. Das ehemalige Haus eines der bekanntesten Schriftsteller Frankreichs, Honoré de Balzac, ist heute ein öffentlich zugängliches Museum. Balzac lebte hier sieben Jahre lang und bearbeitete und korrigierte sein berühmtestes Werk *Die menschliche Komödie*. Das ziellose Spazieren durch die Rue de l'Annonciation und der Besuch dieses Museums gehören zu den schönsten Erlebnissen bei meinem Parisbesuch. Es dauert etwa eine Stunde, die Kostbarkeiten der Parks und Museen zu erfassen. Aber zu den wertvollsten Erinnerungen gehört zweifellos der Blick auf den Eiffelturm und der Genuss eines Stück Kuchens im idyllischen Garten der *Rose Bakery*.

Wenn Ihnen eher nach einem deftigeren Essen ist, gibt es auch Quiche, Salate und Eierspeisen auf der Speisekarte. Ein Ort, an den man gern regelmäßig zurückkehren würde.

Ruhen Sie sich aus und machen Sie sich dann auf zum letzten Ziel, ***Pont de Bir-Hakeim***. Diese Brücke ist eine der schönsten, die ich je gesehen habe. Fans des Thrillers *Inception* von Christopher Nolan werden sofort die Bir-Hakeim-Brücke erkennen. Diese im frühen 20. Jahrhundert erbaute, zweigeschossige Brücke verbindet das 15. und 16. *Arrondissement*. Über die obere Ebene fährt die Metro, unten tummeln sich die Besucher, um von der Höhe der Brücke einen Blick auf den Eiffelturm zu erhaschen.

SÉZANE

GRANDS BOULEVARDS UND MONTORGUEIL

2. UND 9. ARRONDISSEMENT

ELEGANTE PASSAGEN, GRANDIOSE UND INTERESSANTE MARKTSTRASSEN, EHRWÜRDIGE THEATER UND CAFÉS

GRANDS BOULEVARDS UND MONTORGUEIL

#prettycityparis

RACINES 8 Pass. des Panoramas
AU ROCHER DE CANCALE 78 Rue Montorgueil

À LA MÈRE DE FAMILLE 82 Rue Montorgueil
STOHRER 51 Rue Montorgueil
CÉDRIC GROLET OPÉRA 35 Av. de l'Opéra

NOSE 20 Rue Bachaumont
ORIZA L. LEGRAND 18 Rue Saint-Augustin

Galerie Vivienne, Passage des Panoramas, Passage Jouffroy, Passage Verdeau, Place des Victories

LIBRAIRIE JOUSSEAUME 45-46-47 Gal Vivienne

L'APPARTEMENT SÉZANE 1 Rue Saint-Fiacre

THE HOXTON 30-32 Rue du Sentier

PRETTY CITY PARIS

STERN Graveur
Cartes Postales
Lettres Anciennes
Maison PRINS depuis 1978
PANORAMAS
PHILATELIE
PHILATELIE
PHILATELIE
ACHAT
VENTE
ESTIMATION
MeC.LABRE
ASTAIR

LIBRAIRIE ANCIENNE & MODERNE

FROMAGES
&
CHARCUTERIE

GRANDS BOULEVARDS (2. ARRONDISSEMENT)

Ein Gewirr von großen, breiten und belebten Straßen, den sogenannten Grands Boulevards, das sich zwischen den Metrostationen Bonne Nouvelle und Richelieu-Drouot erstreckt. Gesäumt von ehrwürdigen Theatern, Clubs, Kinos und Cafés (einige davon aus der Zeit der Belle Époque) sind die Gehwege der Boulevards seit jeher bei Parisern beliebt, die in der Stadt auf Unterhaltung und Kultur aus sind. Diese lebendige Gegend mit ihrer reichen und faszinierenden Geschichte und einzigartigen Atmosphäre ist nicht ohne Grund so prominent. Für mich sind die Höhepunkte des *Quartiers* weniger die Gehwege und sonderbaren Museen, sondern eher das Labyrinth aus prachtvollen, überdachten Passagen, die ich hinter den stattlichen Fassaden entdeckt habe. Ich kann einen Besuch nur empfehlen!

EINE TOUR DURCH DIE ELEGANTEN ÜBERDACHTEN PASSAGEN

Die *Passages couverts* gehen auf das 19. Jahrhundert zurück. Ursprünglich wurden sie gebaut, damit die Pariser einkaufen und den Besuch beim Schuster oder Schneider mit einer Tasse Tee oder einer Mahlzeit verbinden können, ohne durch Matsch und Regen laufen zu müssen. In der Regel sind hier Verlage, Buchhändler, Druckereien, Schuster, Kunstgalerien, Bistros und auch kleine Theater beheimatet. Neben ihrer wirtschaftlichen Bedeutung war es auch angesagt, in den Passagen zu bummeln. Ursprünglich gab es 150 davon. Leider wurden sie während der durch den Architekten Haussmann durchgeführten Umgestaltung der Stadt weniger attraktiv und konnten nicht mehr mit den großen Kaufhäusern wie Le Bon Marché und Galeries Lafayette konkurrieren. So musste eine nach der anderen Passage geschlossen werden. Die meisten der glücklichen Überlebenden wurden zu nationalen Denkmälern ernannt und liegen ausschließlich am rechten Seine-Ufer, überwiegend im 2. und 9. *Arrondissement*.

Wenn Sie zur ***Rue Montorgueil*** schlendern, sollten Sie mit der ***Passage Verdeau*** und ***Passage Jouffroy*** beginnen.

Verlassen Sie die weniger elegante ***Rue du Faubourg-Montmartre***, folgen Sie den Fußtritten der Bourgeoisie und *flanieren* über den abgenutzten, reich verzierten Fliesenboden, um die Schaufenster der Antiquitätenläden und Antiquariate unter den schrägen Glasdächern der Passage Verdeau zu bewundern. Viele Geschäfte, die die Blütezeit der Passage begleitet haben, sind auch heute noch dort zu finden. Neben vielen anderen Vorzügen haben mich die Schilder am Eingang, die Originaluhr, die immer noch mit der Zeit geht, und die Fülle an Eisen und Glas besonders beeindruckt. Bei Nummer 27 verlassen Sie die Passage Verdeau am Ausgang ***Rue de la Grange Batelière***. Überqueren Sie die Straße und betreten Sie die Passage Jouffroy. Hier gehören das *Hôtel Chopin* und die *Librairie Paul Vulin* zu den Höhepunkten. Auch das *Musée Grévin* (das beliebte Wachsfigurenmuseum) befindet sich in diesen Arkaden.

Am Ausgang ***Boulevard Montmartre*** erwarten Sie die gastronomischen Freuden der ***Passage des Panoramas***, der ältesten überdachten Passage in Paris. Sie wurde 1799 erbaut und steht seit 1974 auf der Liste der historischen Denkmäler. Sie ist 130 Meter lang und 3,20 Meter breit und hat vier Eingänge: 11 Boulevard Montmartre, 158 Rue Montmartre, 38 Rue Vivienne und 10 rue Saint-Marc. Neben einer Perlenkette von kleinen, alteingessenen Boutiquen finden Sie hier unzählige Restaurants und Cafés. *Racines* bei Nummer 8 ist meiner Ansicht nach besonders erwähnenswert. Das ehemalige französische Bistro wurde 2018 von der Sardin Simone Tondo übernommen. Ihre Mischung aus köstlichen, deftigen Gerichten aus Frankreich und Italien genießt man vor dem stilvollen Hintergrund fleckiger Spiegel, abgetretener Kachelböden und abgenutzter Möbel. Bei Nummer 47 befindet sich das *Caffè Stern*. Das heutige italienische Café und Bistro war früher eine 1834 von Moïse Stern und Anselme Aumoitte gegründete Buchdruckerei.

Mit Ihrer Lust auf einen Kaffee sind Sie jedoch auch gut bei *Arabica* bei Nummer 44 aufgehoben. Gehen Sie über den Ausgang Boulevard Montmartre weiter zur ***Galerie Vivienne***, die Sie über die ***Rue Vivienne*** erreichen.

Die Galerie Vivienne ist die wohl bekannteste und sicher eine der schönsten überdachten Passagen von Paris.

In dieser geschichtsträchtigen Passage aus dem Jahr 1823 scheint die Zeit stehengeblieben zu sein. Bewundern Sie den Glanz des Neoklassizismus und die von der Antike inspirierten Mosaike, gläserne Bogendecken und Rotunden, die unter dem Präsidenten der Notarkammer Maître Marcoux entwickelt

MARIAGE FRÈRES

PATISSERIE
STOHRER
MAISON FONDEE
EN 1730
PATISSIER
STOHRER

wurden. Marcoux beauftragte den Architekten François-Jacques Delannoy mit dem Bau der Passage – es entstand eine der elegantesten Einkaufspassagen von Paris. Sie verkörpert den Geist der Bourgeoisie, die sie mit ihrem Glanz geschmückt hat.

Die Passage hat mehrere Zugänge, am liebste betrete ich sie jedoch über die ***Rue des Petits-Champs***, auf beiden Seiten flankiert vom eleganten *Bistrot Vivienne*.

In der *Librairie Jousseaume*, die bei der Eröffnung der Passage 1826 zu den ersten Mietern gehörte, können Buchliebhaberinnen und -liebhaber noch heute in Tausenden Büchern blättern. Damals nannte sie sich Petit Siroux – der Name steht immer noch über dem Schaufenster. Dieses Schmuckkästchen von Buchladen ist seit 1890 im Besitz der Familie Jousseaume. Die beiden gegenüberliegenden Geschäftsräume sind heute wie dazumal eine hochgeschätzte Institution. Ich habe sie bei meinen Parisreisen häufig besucht und hier nach seltenen und antiken Büchern sowie alten und modernen Postkarten gesucht. Manchmal war ich aber auch nach Geschäftsschluss dort, einfach um die wunderbaren Details der Fassade zu erkunden und mir beim Blick durch die stimmungsvollen Schaufenster vorzustellen, ich säße auf einem der Holzstühle inmitten endloser Buchbände. Ein charmanter Buchladen – zu jeder Tageszeit.

Verpassen Sie auf Ihrer Tour auf keinen Fall die ***Passage du Grand Cerf***. Diese 1825 erbaute Passage wurde nach dem Hotel benannt, das einst an dieser Stelle stand: Hôtellerie du Grand Cerf. Das Glasschrägdach und die verzierten einfarbigen Bodenfliesen sind charakteristisch für alle überdachten Passagen. Heute beheimatet sie mit ihren ziselierten Eisentoren und den warmen Holzfronten der Geschäfte eine Vielzahl liebenswerter Boutiquen.

Etwa drei Minuten zu Fuß von hier entfernt stoßen Sie auf die Rue Montorgueil.

ASSAGE - VERDEAU
PASSAGE VERDEAU
CONDUISANT
FAUBOURG MONTMARTRE
STELLA ARTOIS
BAR RESTAURANT
LE BISTROT
LE BISTROT

PASSAGE du GRAND CERF
145
145
age
Le
PASSAGE du GRAND CERF
VERS LE QUARTIER MONTORGUEIL

12€
12€
12€
15€

RONCERAY
LA CURE GOURMANDE
Amour de Pierres

GALERIE VIVIENNE

BIERES VINS
62
RUE MONTORGUEIL
CAFE-BAR
RESTAURANT
LE COMPAS
REPAS
A TOUTE HEURE
APERITIFS

MONTORGUEIL (9. ARRONDISSEMENT)

Die beliebteste Kopfsteinpflasterstraße im Herzen von Paris, Rue Montorgueil, ist gesäumt von hübschen Restaurants, Käse- und Fischhändlern, Bäckereien, Floristen und Weingeschäften sowie den ältesten und feinsten *Pâtisserien* der Stadt. Seit Jahrhunderten kommen die Pariserinnen und Pariser in dieses gastronomische Paradies, um sich zu treffen und auf der kurzen Fußgängerzone alles zu kaufen, was das Herz begehrt. Verlieren Sie sich in der Stimmung dieser Straße mit einer Leckerei von der Pâtisserie Stohrer in der Hand oder auf der Terrasse des Restaurants Au Rocher de Cancale und lassen Sie die Welt in dieser traumhaften Atmosphäre an sich vorbeiziehen. Hinter dem berühmten grünen Bogen auf der Rue Réaumur erleben Sie ein Fest für die Sinne. Mit jedem Schritt entdecken Sie einen neuen Schatz. Einige davon stelle ich Ihnen hier vor.

WICHTIGE ADRESSEN

Stohrer, ***51 Rue Montorgueil***
Die älteste *Pâtisserie* von Paris wurde 1730 eröffnet. Sie gilt heute als historisches Denkmal und wurde von Pau Baudry gestaltet, der auch das Foyer des Palais Garnier ausgestattet hat. Wer die Wahl hat, hat die Qual: Tarte au citron Méringuée, Karamel-Mille-Feuille, Opéra, Saint-Honoré und Religieuses – so lauten die verlockenden Namen der außergewöhnlichen Köstlichkeiten. Die Ladeneinrichtung geht auf das Jahr 1894 zurück und steht in ihrer Schönheit der Köstlichkeit der Kuchen in nichts nach. Mein Tipp: Kaufen Sie eine Postkarte, auf der Queen Elizabeth II. bei Ihrem Besuch der Pâtisserie im Jahr 2004 verewigt ist. Darüber hinaus ist Stohrer für das in Rum getränkte Gebäck »Baba au rhum« bekannt, das angeblich nach Ali Baba aus *Tausendundeine Nacht* benannt wurde.

L'Escargot Montorgueil, ***38 Rue Montorgueil***
Dieses 1832 erbaute Gebäude, das heute auf der Liste der historischen Denkmäler steht, macht seinem Namen alle Ehre. Das Restaurant hat unterschiedliche Variationen von Weinbergschnecken im Angebot, der absolute Höhepunkt sind

CAFÉ & BAR À VIN
LE COMPTOIR
CAFÉ & BAR À VIN
FROMAGES
ISSUS
DES PRAIRIES
DE FRANCE
Délices d'antan
issus
de nos régions

1€
8€

1795
Galerie
Vivienne

SUNDAY
IN SOHO
7 RUE SAINT MARC 75002, PARIS
ALMOND MILK
OAT MILK

die traditionellen Schnecken in Petersilie und Knoblauchbutter, darüber hinaus gibt es vortreffliche Zubereitungen mit Fois gras oder Trüffeln.

Wenn Schnecken nicht zu Ihren Leibspeisen gehören, können Sie auf klassische französische Gerichte ausweichen.

Au Rocher de Cancale, ***78 Rue Montorgueil***
Die elegante, grau-blaue Holzfassade mit goldenen Einfassungen macht das Au Rocher de Cancale zu einem der schönsten Restaurants in Paris. Es wurde1846 erbaut, damals zählte Balzac zu den Stammgästen und die Rue Montorgueil war das Mekka für Austernliebhaber. Die Delikatesse tauchte jedoch nicht auf der Speisekarte angeboten, sondern einfach als *Amuse-Bouche* serviert; heute stehen Austern neben anderen Meeresfrüchten auf der Speisekarte und genießen eine treue Anhängerschaft. In dem beliebten, sehr gut besuchten Restaurant sollten Sie eine Tischreservierung vornehmen.

La Fermette, ***86 Rue Montorgueil***
La Fermette gilt als eine der besten *Fromagerien* in Paris – der Besuch ist also ein Muss. Hier finden Sie eine breite Palette der besten Käse zu angemessenen Preisen, die von sehr freundlichen Mitarbeiterinnen und Mitarbeitern verkauft werden.

À la Mère de Famille, ***82 Rue Montorgueil***
Das ursprüngliche Geschäft aus dem Jahr 1761 ist zu Fuß in 15 Minuten erreichbar. Aber wenn Sie dafür keine Geduld oder Zeit haben, können Sie hier kandierte Früchte, Calissons (Konfekt in Form eines Weberschiffchens) oder Montmartre Palets (sehr dünne Schokoladenscheiben) kaufen.

Anaïs, **52 Rue Montorgueil**
Unter der rot-weißen Markise leuchten lokal angebaute Blumen in allen Farben.

Die Restaurants *Le Compas*, *María by César*, *Café Montorgueil* und *Café du Centre* bieten die passenden Speisen für jeden Geschmack. Entlang der drei Häuserblocks locken zudem Zweigstellen von *Mariage Frères* und *Odette*. Natürlich können Sie auch in der nahe gelegenen *American Clove Bakery*, 71 ***Rue Greneta*** vorbeischauen.

Wenn Sie die Rue Montorgueil kennengelernt haben, können Sie weitergehen zur ***Rue des Petits Carreaux*** und ***Rue du Nil***. Auch hier lassen wundervolle Bistros, Cafés und ausgefallene Geschäfte jedes Herz höherschlagen.

MAISON FONDÉE EN
GLACES ET CAKES MAISON
CONFITURES
SPÉCIALITÉ DE PRALINÉ
PÂTES DE FRUITS
CARAMELS
NOUGATS
MARRONS GLACÉS
NÉGUS DE NEVERS
FLORENTINS
ORANGETTES
MENDIANTS
A LA MÈRE DE FAMILLE CHOCOLATIER
35 VINS FINS
A LA Mère de Famille
SPÉCIALITÉ
FABRIQUE A LA MÈRE DE FAMILLE

Rochers pralinés
Nos Rochers
POUR AMATEURS

In dieser Pariser Gegend gibt es noch weitere inspirierende und wunderschöne Anziehungspunkte im Überfluss. Einige davon liegen ein bisschen abseits, sind aber einen Besuch wert.

Der erste ist das *L'Appartement Sézane* in der ***1 Rue Saint-Fiacre***. Diese Geschäftsidee von Morgane Sézalory startete zunächst nur mit einem Onlineshop, der innerhalb kurzer Zeit extrem populär wurde. Daher eröffnete Morgane hier 2015 sein erstes Ladenlokal. Im Gegensatz zu einem herkömmlichen Geschäft wirkt es jedoch eher wie eine Wohnung. Ziel der Gründerin war es nämlich, dass sich jede Kundin und jeder Kunde hier wie zuhause fühlt, und das ist ihr auch gelungen. Wenn Sie die kurze Treppe unter dem Blumenbogen hinaufgehen und den Laden betreten, werden Sie von einem exquisiten Interieur begrüßt. Diese Einrichtung bildet den Hintergrund für die begehrte Kollektion raffinierter Basics wie wogende Kleider, gut geschnittene Hosen und Seidenblusen.

Gehen Sie weiter zur ***Rue Bachaumont***. In Nummer 21 neben dem Nobelhotel *Hôtel Bachaumont* befindet sich die Parfümerie *Nose*. Eine weitere beliebte Unterkunft ist das Hotel *The Hoxton* in der ***30–32 Rue du Sentier***. Hinter den schweren Holztüren erwarten Sie eine luftige Lobby und ein sanierter Innenhof. Genauso wie die anderen Hotels der Hoxton-Gruppe wurde es besonders für Geschäftsreisende konzipiert. Die atemberaubende Innenausstattung mischt sich gekonnt mit einer entspannten Atmosphäre. Im *Restaurant Rivié* stehen französische Gerichte auf der Speisekarte. Überqueren Sie den Mosaikfußboden und steigen Sie die Original-Wendeltreppe aus dem 18. Jahrhundert zur Bar *Jacques* auf, marokkanische Cocktails zu genießen. Jedes der 172 von den Pariser Designern Humbert & Poyet gestalteten Zimmer nimmt das Flair des ursprünglichen Gebäudes auf.

Runden Sie Ihre Tour durch dieses *Quartier* mit einem Besuch im ältesten Schokoladengeschäft von Paris ab, dem À la Mère de Famille in der 35 ***Rue du Faubourg Montmartre***. Diese Jahrhunderte alte Chocolaterie wurde 1761 von einem jungen französischen Lebensmittelhändler, Pierre-Jean Bernard, gegründet. Schließen Sie Ihre Augen und stellen Sie sich vor, wie er Passantinnen und Passanten mit kandierten Früchten und Honigtöpfen in sein Geschäft gelockt hat. Heute halten Étienne Dolfi und seine Familie das Erbe des Gründers hoch. Im Verlauf der letzten zwanzig Jahre sind viele Zweigstellen des beliebten Geschäfts aus dem Boden geschossen, doch diese hier – das Original mit der erhaltenen grünen Fassade und dem musealen Flair – muss man einfach gesehen haben. .

HÔTEL CHOPIN

Grévin
HÔTEL CHOPI

CHOCOLATS
DEBAUVE & GALLAIS
ENTREPOTS
CACAO
CHOCOLATS
CHOCOLATS
DEBAUVE & GALLAIS

LE MARAIS

3. UND 4. ARRONDISSEMENT

CHARME DER ALTEN WELT, RENAISSANCE-ARCHITEKTUR, VERSTECKTE HÖFE, KOPFSTEINPFLASTER UND CONCEPT STORES IM ÜBERFLUSS

LE MARAIS

#prettycityparis

MERCI 111 Bd Beaumarchais
ALIX D REYNIS 14 Rue Commines
OFFICINE UNIVERSELLE BULY 1803
45 Rue de Saintonge

BOOT CAFÉ 19 Rue du Pont aux Choux

MUSÉE CARNAVALET 23 Rue de Sévigné

HÔTEL CARON DE BEAUMARCHAIS
12 Rue Vieille du Temple

Marché des Enfants Rouges, Rue des Tournelles,
Rue Vieille du Temple, Rue des Rosiers, Rue de Sévigné,
Place des Vosages

MÉERT 16 Rue Elzevir

CRÊPERIE SUZETTE 24 Rue des Francs Bourgeois
AU PETIT FER À CHEVAL 30 Rue Vieille du Temple
JIJI JAPANESE KITCHEN 57 Rue de Turenne
PARCELLES 13 Rue Chapon

19
CORDONNERIE

Restaurant
le bouledogue
Brasserie
BRASSERIE
le bouledogue
RESTAURANT

DE
SAINTONGE

Das am rechten Seine-Ufer im 3. und 4. Arrondissement gelegene Le Marais, ein ehemaliger Sumpf am Flussufer, hat in den letzten Jahrzehnten dank seiner lebendigen Café-Szene, schönen engen Gassen, einzigartigen Concept Stores, Trendboutiquen und Cafés immer mehr an Beliebtheit gewonnen. Das Flair alter Zeiten in den historischen Plätzen und der wundervollen Architektur mischt sich mit einer dynamischen und modernen Kunstszene. In diesem bei Touristen und Einheimischen gleichermaßen beliebten Stadtteil gibt es hinter jeder Kurve etwas Schönes zu entdecken. In früheren Zeiten lebten hier die Adligen und genossen die einzigartige Lage am Seine-Ufer. Heute ist die Gegend ein Schmelztiegel der Küchen und Kulturen. Ein Labyrinth aus gewundenen Straßen, in denen man sich schnell verlieren kann, macht den außerordentlichen Charme dieses Stadtteils aus, der sich wie nur wenige Pariser Gegenden im 19. Jahrhundert der Handschrift Haussmanns entzogen hat und nicht zwecks Modernisierung der Stadt umgestaltet wurde. Hier können Sie sich nach Lust und Laune treiben lassen, ohne einer festgelegten Route zu folgen. Doch damit Sie sich nicht komplett verlieren, habe ich einige Straßen und Schätze für Sie zusammengefasst.

LE MARAIS (3. UND 4. ARRONDISSEMENT)

In diesem Stadtteil gibt es unglaublich viel zu entdecken. Nutzen Sie diesen Reiseführer als Leitfaden, aber machen Sie auch Ihre eigenen Erfahrungen!

Die beiden großen Einkaufsstraßen im Le Marais heißen ***Rue Vieille-du-Temple*** und ***Rue des Francs-Bourgeois***; sie liegen senkrecht zueinander und sind eingehüllt in den Duft von Luxusboutiquen und edlen Flagship-Stores. Besucher und Einheimische zieht es ins *Merci*, 111 ***Boulevard Beaumarchais***, um sich Inspirationen für Inneneinrichtungen und Mode zu holen oder den heute legendären roten Fiat 500 zu bewundern, der vor der Tür steht. Das Merci ist über einen engen Kopfsteinpflasterpfad im Hinterhof eines Gebäudes aus dem 19. Jahrhundert zu erreichen. Hier mischen sich Interior und Fashion, Exklusivität und Bezahlbarkeit, Alt und Neu. Es setzt auf Nahbarkeit statt Protz. Im Merci befindet sich zudem ein Literaturcafé mit Second-Hand-Büchern sowie zwei weitere Restaurants. Nach dem Essen sollten Sie Ihren Kaffee um die Ecke in dem winzigen *Boot-Café* in der *19* ***Rue du Pont aux Choux*** einnehmen.

Neben einer Vielzahl weiterer Höhepunkte gibt es in dieser charmanten Straße auch ein exklusives Haushaltswarengeschäft, *La Boutique Générale* in der Hausnummer 6. Folgen Sie dem stimmungsvollen Weg bis zur Kreuzung ***Rue de Turenne***, biegen Sie zweimal rechts ab auf die ***Rue Commines.*** Hier finden Sie noch viel mehr Juwelen: das Keramikgeschäft *Alix D. Reynis* im Haus Nummer 14, den Concept Store und das Café *Safe Urban Concept* in der Hausnummer 11 und die Cocktailbar *Le Mary Celeste* in der Hausnummer 1. Letzteres ist für seine liebevoll zubereiteten Speisen bekannt. Je nach Jahreszeit erhalten Sie Austern, andere Gerichte werden das ganze Jahr über angeboten. Auch die lange Liste spannender Cocktails ist nicht zu verachten. Wenn im Mary Celeste kein Platz mehr frei ist, liegt ganz in der Nähe das *Candelaria* in der 52 ***Rue de Saintonge***. In der gleichen Straße, Nummer 45 finden Sie eine Filiale von *L'Officine Universelle Buly 1803*; die Auswahl an Schönheitsprodukten, Handcremes, Zahnpasten, marmorierten Kerzen, Ölessenzen und vielem mehr ist beeindruckend und alle Produkte werden in einem Interieur aus dem 17. Jahrhundert präsentiert. Jeder Artikel ist liebevoll verpackt und wird auf Wunsch kostenlos handschriftlich personalisiert. Ich empfehle diesen Laden unbedingt!

ALLUMETTES PARFUMÉES

Orangettes

12
Caron de Beaumarchais
HOTEL

Nicht weit davon entfernt liegt der *Marché Couvert des Enfants Rouge*. Diese älteste überdachte Marktstraße von Paris aus dem Jahr 1615 hat sich über die Jahrzehnte verändert. Dennoch ist sie ein lebhafter Knotenpunkt für Lebensmittelhändler geblieben, die die verschiedensten Köstlichkeiten anbieten und jeden Besucher in ihren Bann ziehen. Außerhalb des Marktes in der ***Rue de Bretagne*** stoßen Sie auf den Buchladen *Comme un Roman* mit seiner exzellenten Auswahl französischer Literatur, Geschichts-, Reise- und Lifestylebüchern. Die Fülle an gebundenen Büchern und Bildbänden wird in liebevoll gestalteten Regalen präsentiert. Dem Charme der Rue de Bretagne mit ihren vielen Kleinoden kann man sich kaum entziehen. Haben Sie Appetit bekommen? Dann schauen Sie in Hausnummer 57 bei *Bontemps La Pâtisserie* vorbei. Mein Tipp: die leichte und doch reichhaltige Zitronentarte oder eines der Sablé Biscuits (Biskuitgebäck mit *fleur de sel*). Schwelgen Sie in der Stimmung des pastellfarbenen Teasalons im Innenhof oder entspannen Sie sich auf dem ruhigen ***Square du Temple – Elie Wiesel***.

Allzu lange verweilen sollten Sie jedoch lieber nicht, denn es gibt noch viel zu sehen. Der Concept Store *The Broken Arm* liegt direkt nebenan in der 12 ***rue Perrée***: Teils Boutique, teils Bio-Café entfaltet sich hier schrittweise ein reichhaltiges Angebot an Bekleidung, Büchern, Schuhen und Möbeln. Die Eigentümer des Lifestyle-Kollektivs Des Jeunes Gens Modernes verfügen über das einzigartige Geschick, Artikel zu verkaufen, von denen Sie nicht einmal gewusst haben, dass Sie sie brauchen. Gehen Sie weiter auf der Rue Perrée vorbei an der *Mairie* (Rathaus) bis zum ***Carreau du Temple***, einem durch eine Glas- und Stahlkonstruktion überdachten Markt, der 1863 fertiggestellt wurde; heute finden hier Veranstaltungen, Märkte und wechselnde Ausstellungen statt.

Ein kurzer Spaziergang führt Sie nun zur ***Rue Chapon***, die für ihre Fülle an Weinbars und großartigen Restaurants bekannt ist; wenn Sie Zeit und Lust haben, schauen Sie in Nummer 13 bei *Parcelles* auf ein Glas Wein vorbei. Ein wenig früher am Tag können Sie im *Café Berry* in Hausnummer 10 zum Brunch einkehren – Sie werden sicher nicht enttäuscht.

WICHTIGE ADRESSEN

Passage de l' Ancre

Ein farbenfroher und ländlich anmutender Innenhof, der mitten in der riesigen Metropole eine echte Überraschung ist.

Empreintes, ***5 Rue de Picardie***
Ein klassischer Concept-Store: dieses Paradies des französischen Kunsthandwerks mit individuellen Skulpturen, Möbeln und Haushaltsgegenständen. In der obersten Etage der alten Werkstatt aus den 1930er-Jahren residieren ein Buchladen und ein Café, von wo aus Sie einen wundervollen Blick über die Stadt haben.

Terrasse des Archives, ***51 Rue des Archives***
Dieses exklusive Restaurant und Café hebt sich von den vielen Cafés in der Gegend durch seinen herausragenden Ruf und den exzellenten Service ab und bezaubert durch sein unvergleichliches Ambiente. Es liegt nur einen Steinwurf entfernt von großartigen Museen wie dem *Musée de la Chasse et de la Nature* in Nummer 62, dem *Musée National Picasso* in der 5 ***Rue de Thorigny*** und dem *Musée des Archives Nationales (Hôtel de Soubise)* in der 60 ***Rue des Francs-Bourgeois***.

Musée Carnavalet, ***23 Rue de Sévigné***
Im schönen Musée Carnavalet lernen Sie die gesamte Geschichte der Stadt der Lichter kennen. Das Hôtel Carnavalet ist eines der wenigen Beispiele für Renaissance-Architektur in Paris und wurde 1548 erbaut. Ein Besuch beschert Ihnen eine Sammlung von über 600.000 Kunstwerken und Objekten von Paris-Fotografien aus dem 19. Jahrhundert bis zu Ölporträts berühmter französischer Schriftsteller. Dieses Museum muss man einfach gesehen haben.

Bevor Sie dieser Gegend den Rücken kehren, sollten Sie die ***Rue de Sévigné*** herunterschlendern. Sie geht auf das 15. Jahrhundert zurück und schenkt Ihnen einen Postkartenblick auf die Kirche *Saint-Paul-Saint-Louis*. Direkt um die Ecke an der Kreuzung zur Rue des Francs-Bourgeois bettet sich *Le Monde Sauvage* für Ihr nächstes Fotomotiv perfekt in die Umgebung ein. Die Kunstgalerie *Institut Tessin* liegt nur einen kurzen Spaziergang entfernt in der 11 ***Rue Payenne***. Außerdem sollten Sie einen Besuch im nahegelegenen bekannten Waffelgeschäft *Méert* in der 16 ***Rue Elzevir*** nicht verpassen.

Die ***Rue du Roi de Sicile***, ***Rue Sainte-Croix de la Bretonnerie*** und Teile der ***Rue de Turenne*** empfehlen sich ebenfalls vor dem Abschied aus diesem hübschen Stadtteil.

Merci
MERCI

MÉERT
CHOCOLATIER

CONFISEUR

AU PETIT FER A CHEVAL
CAFÉ
ET
LAIT
BIÈRE
Brune & Blonde
APÉRITIFS
DE
MARQUES
TÉLÉPHONE
Paris-Province
Archives 38-50
CAFÉ
ET
LAIT
LAIT CHAUD
CHOCOLAT
ET
THÉ
CONSOMMATIONS
DE CHOIX
BIÈRE
BRUNE & BLONDE
TÉLÉPHONE
GAZ

"TASTE OF LOVE"
10 — 25€
5 — 15€
3,50€

BOUCHERIE
LA CERISE SUR LA PIZZA

19
CORDONNERIE

CAFE des MUSEES
VINS DE MUSEES
CAFE DES MUSEES

BOULANGERIE
TRAITEUR SAVEURS DE

24
SUZETTE
Salades

Petit Déjeuner 8 20
1 boisson chaude
1 croissant ou tartine
1 jus d'orange pressé
Formule 13
Coup de cœur
1 boisson chaude
1 viennoiserie,

QUARTIER LATIN, ÎLE SAINT-LOUIS UND VILLAGE SAINT-PAUL

4. UND 5. ARRONDISSEMENT

UFERPROMENADEN UND AUSSICHTSPUNKTE, LITERARISCHE VERGANGENHEIT, RUHIGE UND FRIEDLICHE STIMMUNG, MITTELALTERLICHE ARCHITEKTUR

QUARTIER LATIN, ÎLE SAINT-LOUIS UND VILLAGE SAINT-PAUL

#prettycityparis

GALERIE GRÈS 9 Rue du Pont Louis-Philippe
MÉLODIES GRAPHIQUES 10 Rue du Pont Louis-Philippe

LE LOIR DANS LA THÉIÈRE 3 Rue des Rosiers
ODETTE 77 Rue Galande
BERTHILLON GLACIER 46 Rue Saint-Louis en l'Île

SHAKESPEARE AND COMPANY
37 Rue de la Bûcherie

Rue des Barres, Maisons Médiévales, Place des Vosges, Jardin des Plantes, Pont Saint-Louis, Hotel Chalons Luxembourg, Au Vieux Paris d'Arcole

CHEZ JULIEN 1 Rue du Pont Louis-Philippe
POGET & DE WITTE 5 Rue Jean du Bellay
AU VIEUX PARIS D'ARCOLE 24 Rue Chanoinesse
LE SAINT-REGIS 6 Rue Jean du Bellay

PRETTY CITY PARIS

PLACE JUSSIEU
CAFE JUSSIEU

TRAM CAFE

Der älteste Bezirk von Paris, das 5. *Arrondissement*, ist dank seiner engen, pittoresken Sträßchen, symbolträchtigen Monumente, mittelalterlichen Kirchen, Parks aus dem 18. Jahrhundert und Ruinen Römischer Bäder neben alten Buchläden, berühmten Literaturcafé und Programmkinos zweifellos eine der charmantesten Gegenden der Stadt.

Den größten Teil des Bezirks nimmt das Quartier Latin ein. Es ist das Zentrum universitären Lebens in Paris und Anziehungspunkt für eine bunte Mischung aus Studierenden, Intellektuellen und Touristen. Doch nicht jede Ecke ist ein Touristenmagnet: Das Viertel versteckt nach wie vor ruhigere Winkel und Ecken, in denen die Zeit scheinbar stehengeblieben ist. Kaum vorstellbar ist heute die lange Kette an politischen Unruhen und Aufständen, die hier stattgefunden haben. In den Straßen wüteten 1871 die schlimmsten Kämpfe der Pariser Kommune. 1944 kam es zu gewaltsamen Konflikten zwischen den Kämpfern der Restistance und der deutschen Polizei und im Mai 1968 kam es hier zu den berühmten Studentenunruhen.

Daneben liegt die Île Saint-Louis im Herzen der Stadt in einer kleinen Ecke des 4. *Arrondissement*. Sie ist eine von zwei natürlichen Inseln, die im 17. Jahrhundert vollständig erschlossen wurden und auf denen sich die ersten Siedler niederließen. Vier herrliche Brücken verbinden die Insel mit dem Rest von Paris und den beiden Flussufern, eine fünfte, der Pont Saint-Louis führt zur Île de la Cité. Auf den Pflasterstraßen der Île Saint-Louis werden die Wurzeln von Paris lebendig.

Das angrenzende Village Saint-Paul ist ebenso reizend und romantisch – ein wahres Paradies der Ruhe und des Friedens. Häufig wird es in einem Atemzug mit Le Marais genannt, doch eingebettet zwischen die lebhafte Rue de Rivoli und die Seine hat es einen ganz eigenen Charakter und ist einen besonderen Blick wert. Verirren Sie sich im Labyrinth der kleinen Bogenpassagen und der verbundenen Höfe in der Nähe der Kirche Saint Paul und erkunden Sie die Fülle an Design- und Kunsthandwerkateliers, Kunstgalerien und Antiquitätenläden sowie eine große Auswahl an hübschen Restaurants.

QUARTIER LATIN (5. ARRONDISSEMENT)

Beginnen Sie beim zeitlos schönen botanischen Garten aus dem 17. Jahrhundert, dem *Jardin des Plantes* in der ***57 Rue Cuvier***. Machen Sie das Beste aus den frühen Öffnungszeiten und kommen Sie am besten zeitig. Wenn Sie Ihren Rundgang gut gestärkt starten möchten, lässt der ***Boulevard de l'Hôpital*** sicher keine Wünsche offen. Ich habe mich für einen Milchcafé und ein kleines Gebäck im nahegelegenen *Café Jussieu* entschieden.

Gehen Sie von hier weiter auf dem ***Quai Saint-Bernard*** und schlendern Sie durch den wunderschönen Skulpturengarten des *Jardin Tino Ross.* Wenn Sie mögen, folgen Sie dem Quai bis zur modernen Stahl- und Glaskonstruktion des Gebäudes *Institut du Monde Arabe* in der 1 ***Rue des Fossés Saint-Bernard***, einem Museum für arabische Kunst und Geschichte. Die südliche Fassade des vom Architekten Jean Nouvel konstruierten Gebäudes ist von 1.600 Paneelen bedeckt, die wie Kameraobjektive aussehen und sich je nach Sonneneinstrahlung öffnen und schließen.

Gehen Sie weiter über den *Quai* und besuchen Sie eines der Jahrhunderte alten und beliebten Restaurants. Das *La Tour d'Argent* ist zum Beispiel für seine Aussicht auf die Seine, sein umfassendes Weinangebot und sein Rezept für Blutente bekannt. Als ich dieses Buch geschrieben haben, war das Haus allerdings zwecks Renovierung geschlossen. Wenn das immer noch so ist, ärgern Sie sich nicht, denn direkt gegenüber finden Sie *Le Boulanger de la Tour* in der 2 ***Rue du Cardinal Lemoine***. Brot, Kuchen, Éclairs, saftige Madeleines oder Tartes mit Früchten – wie beliebt diese Bäckerei ist, erkennt man unschwer an der langen Warteschlange.

Die Luxusparfümerie *Diptyque* liegt nur einen kurzen Spaziergang entfernt an der Ecke vom 34 ***Boulevard Saint-Germain***. Diese berühmte Adresse bietet seit mehr als sechzig Jahren die ausgefallensten Marken und diente auch als Vorlage für den Namen des Unternehmens. Die Schaufenster erinnern an die beiden Flügel eines Diptychons. Gründer der Marke waren der Maler Desmond Knox-Leet, der Innendesigner Christiane Gautrot und der Bühnengestalter Yves Coueslant. Das seit der Geschäftsgründung berühmte Trio baute das Geschäft dann zu dem heutigen Parfümhaus aus. Jeder dieser Düfte ist von einem Ort, einer Zeit oder einer fantastischen Geschichte inspiriert. Die Rosenduftkerze *Paris en Fleur* erinnert an den botanischen Garten Bagatelle in Paris.

EAU LENTE
L'EAU
diptyque
34boulevard saint germain
parisse

ZONE
30
EX 832 TD

58
LE POINT DU JOUR

Au Vieux
d'Arcole

ESCALE-BATOBUS
NOTRE-DAME
Quartier Latin
QUAI
DE MONTEBELLO

Nehmen Sie sich nun etwas Zeit, um die winzigen Seitenstraßen wie die ***Rue de Bièvre*** zu erkunden. Kürzen Sie Ihren Weg hinauf zum Hügel über die ***Rue de la Montagne Sainte-Geneviève*** ab. Gönnen Sie sich eine Pause auf der Terrasse des *Tram Café Librairie* und genießen Sie den Blick auf den Panthéon. Diese ehemalige Kirche ist heute die Ruhestätte berühmter Einwohner von Paris – darunter Jean-Jacques Rousseau und Voltaire, Victor Hugo und Emile Zola – und auf jeden Fall einen Besuch wert. Nebenan liegt die Kirche *St-Étienne-du-Mont* (***Place Sainte-Geneviève***), in der die Heilige Genoveva, Schutzpatronin von Paris, begraben ist. .

Wandeln Sie durch den Irrgarten der stimmungsvollen Straßen zum winzigen *Abbey Bookshop* in der 29 **Rue de la Parcheminerie** oder weiter zu *Shakespeare and Co.* in der 37 **Rue de la Bûcherie**. Dies ist wohl einer der berühmtesten Buchläden der Welt. Vermutlich werden Sie hier nicht allein sein, doch lohnt sich der Besuch unbedingt. Treten Sie ein, schweifen Sie durch die charakteristischen Räume dieses Gebäudes aus dem 17. Jahrhundert, wühlen Sie sich durch die deckenhohen Regale mit neuen und gebrauchten Büchern und fühlen Sie sich einfach nur wohl. Manchmal haben Sie Glück und es findet gerade eine Lesung unter freiem Himmel statt. Am 16. Juni, dem Bloomsday, können Sie bei einer Lesung in der oberen Etage nicht nur den Worten von »Ulysses« folgen, sondern auch noch ein Glas Wein genießen.

Nehmen Sie sich Zeit, mäandern Sie die ***Rue Galande*** hoch und runter und gehen Sie, wenn nicht allzu viele Menschen unterwegs sind, zum angrenzenden ***Square René Viviani***. Beenden Sie Ihren Aufenthalt im Quartier Latin mit einem Besuch der *Bouquinisten,* die entlang der Seine ihre Stände aufgeschlagen haben, und genießen Sie den majestätischen Anblick von Notre-Dame.

WICHTIGE ADRESSEN

Pâtisserie *Odette Notre Dame*, ***77 Rue Galande***
Eine *Pâtisserie* mit einer riesigen Auswahl an Leckerbissen.

Le Petit Châtelet, ***39 Rue de la Bûcherie***
In diesem Restaurant können Sie die klassische und köstliche französische Küche genießen.

Bouts de fils & Bouts d'tissus

ente
LIVRES AN
Voyages
Sciences
Livres illustrés
Editions originales
Littérature
Histoire

NEEDLE-POINT
TAPISSERIES de la BÛCHERIE
TAPISSERIE AU POINT

RESTAURANT
LE
PETIT
CHATELET
Restaurant
Restaurant Le Petit Châtelet
01 46 33 53 40

Le Petit

SHAKESPEARE AND COM
SHAKESPEARE AND
37

Salle au 3ème
ODETTE
Salle au 1er
ODETTE
Patisserie
ODETTE
PARIS
PATISSERIE
Les meilleurs choux à la crême de Paris
SALON DE THE
77, rue galande 75005
LA PIÈCE MONTÉE

les routes du globe

Gaufres
Crêpes
Fondue au chocolat

ÎLE SAINT-LOUIS (4. ARRONDISSEMENT)

Nach Ihrem Rundgang durch das Quartier Latin überqueren Sie die Seine über den ***Pont au Double*** und folgen dem Weg rund um die *Cathédrale Notre-Dame de Paris* vorbei am ***Square Jean XXII*** (beide waren während des Schreibens dieses Buch aufgrund des fürchterlichen Brandes im Jahr 2019 nicht zugänglich) bis zum schönen Stadthaus aus dem 16. Jahrhundert *Au Vieux Paris d'Arcole* in der 24 ***Rue Chanoinesse***. Weiter geht es einen hübschen Weg über das Kopfsteinpflaster der gewundenen ***Rue d' Arcole*** bis zur Seine. Machen Sie dabei unbedingt einen kleinen Umweg zum großen und Jahrhunderte alten *Marché aux Fleurs Reine Elizabeth II* (einen Blumen- und Vogelmarkt) auf der 37 ***Place Louis Lépine***.

Gehen Sie zurück zum ***Quai des Fleurs***. Der Weg führt Sie am Haus des skandalösen Liebespaares Abälard und Heloise in der Nummer 9 Quais de Fleurs vorbei. Eine Gedenktafel erinnert an eine der berühmtesten Liebesgeschichten Frankreichs, und vielleicht wissen Sie nun, warum Paris die Stadt der Liebe genannt wird. Vorbei am berühmten Terrassencafé *L'Esmeralda* und über den ***Pont Saint-Louis*** gelangen Sie begleitet von den Straßenmusikern zur schönen Île Saint-Louis.

Biegen Sie am Ende der Saint-Louis-Brücke links ab und gehen Sie das kurze Stück zu der ruhigen Bank auf der ***Place Louis Aragon*** am ***Quai de Bourbon*** an der Westspitze der kleinen Insel. Auf dieser Bank sind die Worte des Poeten Louis Aragon (1897 bis 1982) eingraviert. Sie fassen die Umgebung dieser charmanten Insel trefflich zusammen:

CONNAISSEZ-VOUS L'ÎLE
AU COEUR DE LA VILLE
OÙ TOUT EST TRANQUILLE
ÉTERNELLEMENT

KENNEN SIE DIE INSEL
IM HERZEN DER STADT,
AUF DER ALLES EWIG RUHIG IST

PONT LOUIS-PHILIPPE

12 €

FLEURISTE
53
PATRICK ALLAIN
PATRICK ALLAIN

Glaces & Sorbets de la Maison Berthillon
District
Immobilier
LES FOUS DE L'ILE
Glaces & Sorbets de la Maison Berthillon
à Emporter

St REGIS

BAR A VINS
BOUQUET St PAUL
Maison Fondée en 1911
BAR A VINS
Glaces Berthillon
CUISINE DE TRADITION
PRODUITS DU TERROIR
THES MARIAGE FRERES

MELODIES GRAPHIQUES

CONSTELLATIONS
J · HERBIN
VOYAGE
JAPAN

Einen Besuch hier müssen Sie nicht generalstabsmäßig planen. In Spitzenzeiten kommen Touristen in Scharen hierher, vor allem, um das auf der Insel einzigartige Berthillon-Eis zu genießen. Doch außer diesem Höhepunkt sind hier keine weiteren Touristenattraktionen zu finden. Für mich gibt es kaum Schöneres, als am frühen Morgen oder in den späten Abendstunden durch die Hauptstraße der Insel zu spazieren oder eines der schönen Cafés am Ufer der Seine zu besuchen.

Von der Place Louis Aragon gehen Sie nach Osten die ***Rue Saint-Louis en l'Île*** hinauf. Diese hübsche Strecke führt sie durch das Zentrum der Insel mit seinen Stadthäusern aus dem 17. Jahrhundert – viele davon sind Wohnhäuser, einige beherbergen kleine Geschäfte, Cafés und Restaurants. Bei jedem Schritt werden Sie etwas Wundervolles entdecken, doch meine Favoriten habe ich hier für Sie aufgeführt.

WICHTIGE ADRESSEN

Le Saint-Regis, ***6 Rue Jean du Bellay***
Eine belebte und doch gemütliche Brasserie, in der Sie von freundlichem Personal bedient werden. Crêpes, Steak und andere französische Klassiker stehen auf der Speisekarte. Besonders empfehle ich die *Chocolat chaud*.

Sorza, ***51 Rue Saint-Louis en l'Île***
Wenn Sie im Le Saint-Regis keinen Platz bekommen, ist dieses Restaurant mit seinen italienischen und mediterranen Klassikern eine gute Alternative.

Poget & de Witte, ***5 Rue Jean du Bellay***
Eine große Auswahl an ausgefallenen Austern und Krabben in einer gemütlichen Umgebung.

La Ferme Saint-Aubin, ***76 Rue Saint-Louis en l'Île***
Ein lokales Käsegeschäft mit einem hervorragenden Angebot an Käse und anderen Milchprodukten sowie Schinken und Wurst. Perfekt für ein spontanes Picknick an der Seine.

Bamyan Pris, ***72 Rue Saint-Louis en l'Île***
Ein Bekleidungsgeschäft »à la Bohème« in einem hübschen Eckladen. Die mit einer alten Glyzinie geschmückte Fassade ist ein echter Blickfang – aber vergessen Sie nicht einzutreten!

Galerie d'Art Carré d'Artistes Paris 4 Île Saint-Louis, ***70 Rue Saint-Louis en l'Île***
Kunstgalerie mit schönen Kunstwerken.

Patrick Allain, ***51 Rue Saint-Louis en l'Île***
Dieser lokale Blumenladen schmückt die Straße mit einer Blütenpracht, die sich buchstäblich auf den Gehweg ergießt.

Hôtel Lambert, ***2 Rue Saint-Louis en l'Île***
Hier übernachtete einst Voltaire.

Berthillon, ***29–31 Rue Saint-Louis en l'Île***
Eiscreme gibt es genug in dieser Gegend, doch der hier 1954 von Raymond Berthillon gegründete Eisladen Berthillon ist heute der berühmteste Eislieferant in Paris. Geduld in der Warteschlange lohnt sich: Das Cassis-Sorbet, das Karamelleis und viele andere Sorten sind einfach köstlich! Dieses familiengeführte Geschäft liefert seit vielen Jahren Sorbets und Eiscreme an zahlreiche Pariser Restaurants, Cafés, Chocolatiers und Épiceries (Lebensmittelgeschäfte).

Flanieren Sie rund um die Insel und genießen Sie die atemberaubende Aussicht über die Seine und Notre-Dame vom ***Quai de Béthune***. Sie können auch im Westen über den ***Quai d'Anjou*** hinter dem Pont Marie und den ***Pont Louis-Philippe*** gehen, um in bekannte, aber wenig erwähnte Gegenden wie ***Saint-Gervais*** und ***Village Saint Paul*** zu gelangen.

Die idyllische und friedliche Stimmung setzt sich in diesen Ecken nördlich des ***Quai des Célestins*** und südlich der ***Rue Saint-Antoine*** und der ***Rue de Rivoli*** fort. Klassische Architektur aus dem 17. Jahrhundert, mittelalterlicher Charme, ein Labyrinth aus Passagen und verbundenen Höfen, die zahlreiche kleine, unabhängige Ateliers beherbergen. Alles zusammen schafft ein wunderschönes Viertel, in dem die Zeit scheinbar stehengeblieben ist.

CAFÉ
CAFE LE LOUIS PHILIP
PLAT DU JOUR
Mojito
8€

Starten Sie am unteren Ende der mittelalterlichen ***Rue des Barres*** beim *Café Louis Philippe* oder beim eleganten *Chez Julien*. Wenn Sie die gepflasterten Stufen heraufsteigen, liegt zu linker Hand die *Église Saint-Gervais* aus dem Jahr 1650 (die ursprüngliche Kirche wurde hier sehr viel früher, nämlich im 7. Jahrhundert errichtet). Steigen Sie weiter hoch und werfen Sie einen Blick auf die Wasserspeier und das gotische Kirchendach.

Zu Ihrer Rechten reihen sich Handwerksgeschäfte und Cafés aneinander – alle geschmückt durch ganz unterschiedliche neoklassizistische Fassaden. Gegenüber der Kirche sehen Sie *L'Artisanat Monastique*, ein einzigartiges Geschäft, in dem Sie Artikel kaufen können, die in Klöstern in ganz Europa hergestellt wurden. Gleich um die Ecke kommen Sie in die ***Rue Grenier-sur-l'Eau*** mit ihren steinalten Gebäuden – ein außergewöhnliches Relikt des mittelalterlichen Paris.

Parallel zur Rue des Barres verläuft die ***Rue du pont Louis-Philippe***. Sie sieht genauso aus, zeichnet sich jedoch durch eine homogene Gebäudefront mit breiten Holzläden aus. Diese kurze, nur etwa 180 Meter lange Straße verbindet die Rue de Rivoli mit der Seine und ist gepflastert mit kleinen, belebten und beliebten Kunsthandwerksläden. Eine Handvoll einmaliger lokaler Ateliers bietet hier seit vielen Jahren eine sorgfältige Auswahl feinster Schreibpapiere und Federhaltern, darunter *Calligrane* in Hausnummer 6, *Papier+* in Nummer 9 und *Mélodies Graphiques* mit zwei Ladengeschäften in der 10. Die ebenfalls in Nummer 9 ansässige Kunstgalerie *Galerie Grès* hat sich auf Keramik spezialisiert. Das Spezialitätenkaffeehaus *Le Peloton Café* passt genau in die Hausnummer 17. Gehen Sie kurz um die Ecke in die enge Parallelstraße, wo sich das historische *Hôtel de Chalon-Luxembourg* in der 26 ***rue Geoffroy l'Asnier*** befindet. Zurück in der Rue du Pont Louis-Philippe können Sie bei *Aux Merveilleux de Fred* in der Nummer 24 einkehren und ihren Spaziergang durch eine kleine Leckerei versüßen.

In der ebenfalls historischen ***Rue François Miron*** können Sie in noch mehr Nostalgie schwelgen – hier finden Sie zwei wunderbar erhaltene mittelalterliche Gebäude aus dem 14. Jahrhundert. Heute liegen sie neben weiteren liebenswerten Restaurants, *Boulangerien* und Buchläden, mit denen sie für eine fantastische Atmosphäre sorgen. Ein kleiner Umweg bringt Sie bei einem Besuch im *Maison Européenne de la Photographie* (Hausnummern 5 bis 7) zurück ins Heute. Hinter der schmucken Fassade aus dem 18. Jahrhundert verbirgt sich eine wunderbare Sammlung zeitgenössischer Fotografien von den 1950er-Jahren bis heute, unter anderem von Irving Penn und Raymond Depardon. Auch ein kleines Café empfängt Sie in diesem Museum.

Restaurant

Louis Philippe

GALERIE GRÈS

PAPIER +

VILLAGE SAINT-PAUL (4. ARRONDISSEMENT)

Wenn Sie nach einem himmlischen Stückchen Paris suchen, das nicht von Touristen überlaufen ist, gehen Sie ins ***Village Saint-Paul*** und die ***Rue Saint-Paul***. Letztere ist eine enge Pflastersteinstraße mit grünen Innenhöfen – beide zusammen beherbergen zahlreiche Vintage- und Antiquitätenläden gesäumt von Cafés, Kunstgalerien und Restaurants. Es gibt unglaublich viel zu sehen – nehmen Sie sich ausreichend Zeit. Direkt am Rande des Village finden Sie das *Musée de la Curiosité et de la Magie* (11 Rue Saint-Paul); es befindet sich in einem Keller aus dem 16. Jahrhundert, der einst dem Marquis de Sade gehörte. Tauchen Sie ein in die magische Welt der Kuriositäten mit optischen Täuschungen und automatischen Statuen. Dann geht es weiter über die Rue Saint-Paul mit den vielen kleinen unabhängigen Geschäften. Sie suchen Antiquitäten, dekorative Artefakte oder Sammlerstücke? Hier finden Sie in jeder Ecke ein kleines Juwel.

Der Weg führt Sie nun in die Rue Saint-Antoine, die in die Rue de Rivoli übergeht. Fliehen Sie von diesen befahrenen Durchfahrtsstraßen in das Labyrinth der kleinen Straßen, in dem Sie sich dennoch problemlos zurechtfinden werden. Besonders leicht und beschwingt ist die Stimmung im Frühjahr, wenn die Kirschbäume rund um die Metrostation Saint-Paul in voller Blüte stehen. Ein wenig weiter bei der Adresse 99 rue Saint-Antoine befindet sich die Église Saint-Paul-Saint-Louis, die einzige verbliebene Jesuitenkirche in Paris.

Biegen Sie von der ***Rue Malher*** in die ***Rue des Rosiers***; nach kurzer Strecke gelangen Sie zu einem höchst charmanten, familiengeführten Café, dem *Le Loir dans la Théière* (Die Haselmaus in der Teekanne) in Hausnummer 3. Das von *Alice im Wunderland* inspirierte Teehaus wurde 1996 eröffnet. Es ist eher schick als kitschig, und ohne das große Wandbild hätte ich den Bezug zum Buch nicht verstanden. Das köstliche Brunch-Angebot wird vor allem von Einheimischen geschätzt. Lassen Sie sich in eines der Sofas sinken und fühlen Sie sich an einem der rustikalen Tische wie zuhause. Ein Tipp: Lassen Sie immer ein bisschen Platz, um ein Stück der Dutzenden hausgemachten Kuchen genießen zu können.

Zum Abschluss des Rundgangs können Sie weiter die Rue des Rosier erkunden (auf dieser malerischen Strecke gibt es wirklich viel zu sehen) oder zur ruhigen ***Place des Vosges*** aus dem 17. Jahrhundert gehen.

Glaces & Sorbets de la Maison Berthillon
l'Ile Flottante
Glaces & Sorbets de la Maison Berthillon
www.lileflottante.com
A LOUER
Chocolats de luxe
Cadeaux
Glaces et Sorbets de la Maison
Berthillon

SALON DE THÉ
BOULANGERIE
Glaces
VABRET

Vente
LIVRES
Achat
23

PLACE DES VOSGES

Der Platz hieß ursprünglich Place Royale und wurde zwischen 1605 und 1612 unter Heinrich IV. erbaut. Er behielt seinen Namen, bis ihn Napoleon III. in Anspielung auf die nordöstlichen Vogesen umbenannte. Unter dem Namen Département Vosges war dies die erste Region in Frankreich, die die damals erhobene Revolutionssteuer an die Regierung zahlte. Der Platz verläuft durch das 3. und 4. *Arrondissement* und ist aufgrund seiner Geschichte und nostalgischen Stimmung beeindruckend. Logistisch lag es auf der Hand, ihn an das Ende dieses Kapitels zu setzen, doch Sie können die Route auch in umgekehrter Reihenfolge gehen und Ihren Spaziergang hier beginnen. Wenn Sie von der Rue Saint-Antoine auf den Platz treten, schauen Sie auf eine perfekt symmetrisch angeordnete Gebäudegruppe, die am Südende vom Pavillon du Roi (Pavillon des Königs) und am Nordende vom Pavillon de la Reine (Pavillon der Königin) gesäumt ist. Mitten auf dem Platz steht eine Statue von Ludwig XIII. Die etwa 36 roten Klinkerpavillons, die den Platz einrahmen, beherbergen meist private Stadtwohnungen und Kunstgalerien, in den Erdgeschossen finden sich Geschäfte und Cafés. Eine echte Oase der Ruhe. Doch bevor Sie sich auf dem Rasen ausruhen, sollten Sie die Galerien und Geschäfte unter den historischen Bogengängen durchstöbern. An der südwestlichen Ecke des Platzes liegt in der Nummer 6 das *Maison de Victor Hugo* – lassen Sie sich einen Blick in das ehemalige Wohnhaus des berühmten Schriftstellers nicht entgehen. Der Legende nach schrieb er hier einen Großteil seines Romans *Die Elenden*. Unter den wunderschönen Arkaden versteckt sich zudem eine Zweigstelle der Pâtisserie *Carette*, die von den frühen Morgenstunden bis 23.30 Uhr geöffnet ist.

Crêperie Elo

La Perla

La favorite
SAINT-PAUL

SAINT-GERMAIN-DES-PRÉS

6. ARRONDISSEMENT

ZENTRALES PARISER VIERTEL MIT EINER SPANNENDEN KUNST- UND LITERATURVERGANGENHEIT, EDLEN RESTAURANTS, ELEGANTEN KAUFHÄUSERN UND EINEM DER SCHÖNSTEN PARKS VON PARIS

SAINT-GERMAIN-DES-PRÉS

#prettycityparis

OFFICINE UNIVERSELLE BULY 1803 6 Rue Bonaparte
ASTIER DE VILLATTE 16 Rue de Tournon
MARIN MONTAGUT 48 Rue Madame

HÔTEL LUTETIA 45 Bd Raspail

LES DEUX MAGOTS 6 Pl. Saint-Germain des Prés
LE PONT TRAVERSÉ 62 Rue de Vaugirard Rue Guisarde
LA PALETTE 43 Rue de Seine

AU SAUVIGNON 80 Rue des Saints-Pères

CAFÉ DE FLORE 172 Bd Saint-Germain
TREIZE AU JARDIN 5 Rue de Médicis
SAINT PEARL 38 Rue des Saints-Pères

BOULANGERIE POILÂNE 8 Rue du Cherche-Midi

Le Jardin du Luxembourg, Église Saint-Sulpice, Rue de Furstemberg, Rue de Fleurus, Rue de l'Ancienne Comédie

PRETTY CITY PARIS

BAR DE LA CROIX ROUGE

RUE BONAPARTE
CAFE

THE SMITHS
Bakery
CAVE A BIERE
Berthillon
THE SMITHS
Bakery
Berthillon

LE PONT
TRAVERSÉ
LIVRES

Der vielleicht typischste Pariser Bezirk ist das 6. *Arrondissement* – eine wahre Schatztruhe an Buchläden (unter freiem Himmel und in Ladengeschäften), Kunsthandwerksläden, breiten Boulevards, romantischen, engen Alleen, historischen Kirchen, eleganter Architektur und schicken Einwohnern. In diesem Gelehrtenviertel versammeln sich seit jeher Intellektuelle und Künstler; seine Cafés sind berühmter für die Gäste, die dort ein- und ausgehen, als für die servierten Speisen und Getränke. Die berühmten Literatencafés Café de Flore, Les Deux Magots und Brasserie Lipp zogen Philosophen und Künstler an und locken noch heute mit einer vornehmen Klientel. Hier residiert das intellektuelle Paris mit den vielen Verlagshäusern, aber auch das künstlerische Paris mit den zahlreichen Kunstgalerien und Museen sowie dem Pont des Arts und dem Pont Neuf. Der wichtigste Pariser Park, der Jardin du Luxembourg, sowie zwei der bekanntesten Kirchen Église Saint-Sulpice und Église de Saint-Germain-des-Prés befinden sich in dieser Gegend.

Das 6. ist mit dem rechten Seine-Ufer über den Pont du Carrousel und den Pont des Arts und mit der Île de la Cité über den Pont Neuf und den Pont Saint-Michel verbunden. Wie alle anderen *Arrondissements* unterteilt es sich in vier *Quartiers*: Monnaie, Odéon, Saint-Germain-des-Prés and Notre-Dame-des-Champs. Die Namen dieser Stadtteile nehmen die Pariser – außer zu administrativen Zwecken oder gelegentlich bei Immobilienverkäufen – jedoch selten in den Mund. Meist wird diese Gegend mit »Saint-Germain« bezeichnet.

Das am Ufer der Seine gelegene, quirlige und fröhliche Monnaie, ist das älteste Viertel des Bezirks. Im Westen grenzt Odéon und im Osten das Quartier Latin an. Im Nordosten ist es über den Pont Neuf mit der Île de la Cité verbunden. Einst war es die Hochburg des Verlags- und Buchwesens der Hauptstadt. Heute ist das Flussufer bevölkert von zahlreichen Buchläden (*Bouquinisten*) sowie Druck- und Antiquitätenhändlern. Die 864 gegründete Pariser Börse ist die älteste Institution Frankreichs und das älteste noch betriebene Unternehmen der Welt. Seit 2017 ist sie für die Öffentlichkeit zugänglich; ein Besuch ist lehrreich und spannend zugleich.

Das von der Kultur geprägte *Quartier* ist zudem Heimat des Institut de France und der École Nationale Supérieure des Beaux-Arts. Letztere, die Staatliche Hochschule für Bildende Künste, ist ein beeindruckender Architekturkomplex eines ehemaligen Klosters, das während der Französischen Revolution von Alexandre Lenoir zu einem Museum der französischen Denkmäler umgestaltet wurde.

Seit 1817 residieren hier die Bildenden Künste und es beherbergt zahlreiche Meisterwerke wie den enormen Glashof des Palais des Études oder das Wandgemälde von Paul Delaroche im Hauptauditorium. Zudem findet sich hier das Programmkino Saint-André des Arts.

Das ebenfalls an das Quartier Latin grenzende Stadtviertel Odéon ist dank der vielen Theater, Restaurants, Geschäfte und der medizinischen Fakultät eine wunderschöne Gegend. Hier finden Sie auch die Église Saint-Sulpice, das Musée du Luxembourg und den Jardin du Luxembourg.

Den Mittelpunkt von Saint-Germain-des-Prés bildet die historische Kirche Église de Saint-Germain-des-Prés, im Mittelalter ein prosperierender und wichtiger Kirchenkomplex, heute die älteste Kirche von Paris. Im Osten verläuft der Boulevard Saint-Michel, im Westen die Rue de Rennes, im Süden der Boulevard du Montparnasse und im Norden liegt die Kirche Notre-Dame-des-Champs. Sie liegt in dem religiösen und dennoch lebhaften Gebiet der Rue Vavin.

Am besten erkunden Sie das 6. *Arrondissement* zu Fuß und lassen sein unglaubliches Flair in Ruhe auf sich wirken: seine einzigartigen Geschäfte, die Terrassen der Literaturcafés, die historischen Seitenstraßen, die reizenden Geschäfte, die ehrwürdigen Kirchen und der herrliche Jardin du Luxembourg. Der perfekte Ort zum Flanieren – saugen Sie den Glanz und den Intellekt einfach auf und fühlen Sie sich wie ein Pariser oder eine Pariserin. Wenn Sie Ihren Rundgang jedoch gezielter auf einige Höhepunkte ausrichten möchten, können Sie meiner Lieblingsroute folgen.

Amour

MELANGE

SAINT-GERMAIN (6. ARRONDISSEMENT)

Beginnen Sie Ihren Tag mit einem typischen Pariser Frühstück umwoben vom Geist erfolgreicher Schriftsteller und Künstler wie Hemingway, Jean-Paul Sartre and Simone de Beauvoir im *Café de Flore* oder *Les Deux Magots*. Aus gutem Grund sind dies höchst beliebte Orte. Die Vernunft sagt mir, ich sollte ihnen raten, sie zu meiden, mein Herz sagt: Das dürfen Sie nicht verpassen! Sie sollten also möglichst früh kommen, damit Sie noch einen Platz auf der Terrasse ergattern. Lassen Sie sich hier auf die stimmungsvolle Umgebung ein und besuchen Sie nach dem Frühstück die älteste Kirche von Paris: Église de Saint-Germain-des-Prés. Sie wurde 543 errichtet und im Jahr 1000 umgebaut. Seit ihrer Eröffnung bildet sie den Mittelpunkt des Alltags in diesem *Quartier*.

Wenn Sie keine Lust haben, sich in die Warteschlange des Les Deux Magots oder des Café de Flore zu stellen, ist ein Platz auf der Terrasse des *Le Bonaparte* eine perfekte Alternative. Dieses Café liegt in der 42 ***Rue Bonaparte*** und bietet ebenfalls einen großartigen Blick auf die Kirche und ihre Umgebung. Sie erkennen das Café an seinen rot-blau-weißen Markisen und dem recht glamourösen Publikum.

Vor der Kreuzung mit der ***Rue Jacob*** reihen sich in der Rue Bonaparte zahlreiche Schätze aneinander, von Buchläden, zu kleinen Schokoladenmanufakturen über ein Boutiquehotel, ein Stoff- und ein Beleuchtungsgeschäft bis hin zu exklusiven Innendesignern. Überqueren Sie die Kreuzung mit der Rue Jacob in Richtung Seine, bis Sie in der 6 Rue Bonaparte auf eine außergewöhnliche Parfümerie stoßen, *Officine Universelle Buly 1803*. Treten Sie ein und fühlen Sie sich zurückversetzt in die 1800er-Jahre, als Jean-Vincent Bully seine eigene Parfümkollektion präsentierte. Das opulente Angebot an hochwertigen Markenprodukten, die in einer romantischen Mischung aus Apotheke und Boutique verkauft werden, hat dem Shop zu einer Art Kultstatus verholfen. Mineralpuder, handgefertigte Luxusseifen, Feuchtigkeitscremes und Kräutertinkturen liebevoll aufgereiht in raumhohen Regalen aus Boden aus Ulmen- und Walnussholz und auf den auf Hochglanz polierten Arbeitsflächen. Die Samtvorhänge und berühmten Kacheln vervollständigen das stimmungsvolle Bild. Das Design ist neu, zeugt aber von einer längst vergangenen Zeit. Das Personal ist freundlich, sachkundig und exquisit ausgebildet. Das hier ist nicht nur ein Geschäft – es hat Züge eines Museums.

AU CHAI DE L'ABBAYE
POUILLY-FUMÉ
CHINON
BOURGUEIL
CHAMPIGNY
VOUVRAY
LAYON

FLAMANT
FLAMANT

T
LIBRAIRIE
LIVRES

RUE FLEURUS
1 LIVRES ANCIENS 1

JOURNAL DE L'EMPIRE

70
Depuis 1761
À LA MÈRE DE FAMILLE
À LA MÈRE DE FAMILLE
À LA MÈRE DE FAMILLE
CHOCOLATIER
CONFISEUR

TRONQUOIS
ARCHITECTE

Gehen Sie ein kurzes Stück zurück und verweilen Sie ein wenig in der ***Rue des Beaux- Arts***, einer weiteren historischen und wunderschönen Straße.

Hier befindet sich das Hotel *L'Hôtel*, in dem Oscar Wilde 1900 gestorben ist. Nun könnten Sie zurück zur Rue Bonaparte gehen, wo sie an der Ecke zur Rue Jacob das legendäre *Ladurée* finden. Gehen Sie nach links, dort geht es ähnlich weiter. Achten Sie nun auch auf die Homeware-Boutique *Alix D. Reynis* in Hausnummer 22. In diesem beeindruckenden Geschäft finden Sie alles vom zeitlosen Limoges-Porzellan bis zu Duftkerzen und exklusiven Schmuckkollektionen – das Ambiente ist ebenso exquisit wie das Angebot. Beim Schlendern durch die eleganten Räume lernen Sie die schönsten Kollektionsstücke der begabten Bildhauerin und Autodidaktin Alix D. Reynis kennen. Das Pressematerial des Geschäfts betont: »Sie erhält ihre Inspiration von den Meisterwerken im Musée Guimer, dem verborgenen Teil eines Pariser Balkons oder den Details eines Stoffes mit einem Bild Diego Velásquez.« Der Besuch dieses Geschäfts ist ein Muss.

Abseits der Rue Jacob liegt die ***Place Furstemberg***, der Geburtsort des romantischen Malers Eugène Delacroix. Der Platz liegt etwas versteckt, birgt aber eine Vielzahl einzigartiger Schätze; er gilt als einer der schönsten Plätze von Paris – und das zu Recht! Schwelgen Sie in Boutiquen, Blumenläden und Kunstgalerien – Ihr Besuch hier gerne eine Weile dauern. Ein Ort, an dem Sie dem Gewühl wunderbar entkommen können, ist das *Yveline Antiques* in der Hausnummer 4. Allein das Schaufenster wird Sie begeistern, aber das Innere des Geschäfts bordet über vor Kuriositäten, Möbeln und Bildern. Besuchen Sie diesen Laden unbedingt! Wenn Sie wieder auf die Straße treten, riechen Sie bereits den Duft der Blumen im *Flamant* in Hausnummer 8. Besuchen Sie das *Musée national Eugène Delacroix* in Nummer 6 oder bummeln Sie zum Gewürzgeschäft *Compagnie Française des Poivres et des Epices* in der 7.

Nach diesem zauberhaften Platz gehen Sie weiter zur ***Rue Cardinale*** und folgen der ***Rue de Bourbon le Château***; wenn Sie bei den zahlreichen Cafés in der ***Rue de Buci*** angekommen sind, ist es sicher Zeit zum Essen. Die Rue de Buci ist eine kleine Straße, dennoch vollgepackt mit individuellen und reizvollen Geschäften. Sie ist genauso charmant wie ihre Geschichte und eignet sich hervorragend zum Bummeln. Allerdings können Sie hier unter Umständen auch vielen Touristen begegnen. Das *Café Buci* spannt sich über die Ecke zwischen ***Rue Mazarine*** und Rue de Buci und ist ein historisches Denkmal. Auf der gegenüberliegenden Seite können Sie im *Maison Sauvage* den ganzen Tag über wunderbar schlemmen. Im Innenraum, unter freiem Himmel und auch in der oberen Etage haben Sie die Auswahl der schönsten Leckerbissen. *The Smiths Bakery*

MARIN MONTAGUT

RUE MONSIEUR LE PRINCE
RUE RACINE
CAFE LE PRINCE RACINE
LE PRINCE RACINE
OUVERT
RUE RACINE
Ouvert tous les jours

RMÁCIAS
GRANADO
PHARMÁCIAS
DESDE 1870
150 GRANADO
RIO DE JANEIRO
LADURÉE
RUE BONAPARTE

BOULEVARD
SAINT GERMAIN
34
DIPTYQUE

THANK
YOU
Mon cher

MABILLO
MABILLON

in der 12 Rue de Buci hält immer, was sie verspricht. Um »sehen und gesehen werden« geht es unweit in der *Bar du Marché* in der 75 ***Rue de Seine***.

Nach dem Essen können Sie zurück zur Seine spazieren und sich auf einer der buchförmigen Bänke am ***Square Gabriel-Pierné*** ein wenig erholen.

Verlassen Sie den Platz und folgen Sie der Rue de Seine, vorbei an einigen ehemaligen Wohnhäusern berühmter Pariserinnen und Pariser wie das des Dichters Charles Baudelaire in Hausnummer 27 und der Schriftstellerin George Sand in Nummer 31. Auch die Häuser von Cézanne, Picasso und Francis Bacon können Sie bewundern und im Restaurant *La Palette* (43 Rue de Seine) aus den 1930er-Jahren ein Glas Wein oder einen Cocktail genießen. Wenn es hier zu voll ist, können Sie in ein anderes historisches Restaurant, das *Le Procope*, ausweichen, das ganz in der Nähe in der 13 ***Rue de L'Ancienne Comédie*** liegt. Le Procope ist vielleicht nicht das erste Café in Paris, aber es gilt als das älteste: Es ist seit 380 Jahren in Betrieb. Bei Literaturexperten, Verlegern und Autoren ist es gleichermaßen beliebt, allerdings gehen sie hier möglicherweise statt mit literarischen Größen eher mit Touristen auf Tuchfühlung. Nach einem kurzen Fußweg gelangen Sie auf den ***Boulevard Saint Germain***.

Auch die Kirche Église Saint-Sulpice, die hier 1646 auf dem Grund einer romanischen Kirche aus dem 13. Jahrhundert erbaut wurde, ist nur einen Katzensprung entfernt. Sie ist eine der größten Kirchen in Paris und zudem dank ihrer Rolle im Roman und Film *Der Da Vinci-Code – Sakrileg* eine der bekanntesten. Außen wie innen ist sie atemberaubend – treten Sie ein und bewundern Sie sie all ihrem Glanz. Bekannt sind die Fresken von Delacroix rechts vom Eingang und eine Statue des Heiligen Petrus. Der berühmte Dichter Baudelaire wurde hier 1821 getauft und 1822 heiratete der französische Dramatiker und Romanautor Victor Hugo in dieser Kirche. Ein hübscher Ort für eine Verschnaufpause liegt vor der Kirche auf dem Platz ***Place Saint Sulpice***, mit seinem wunderschönen Springbrunnen und den vielen romantischen Caféterrassen, die den Platz umrahmen.

Gehen Sie zurück zur bezaubernden ***Rue Férou***, in der das 100-zeilige Gedicht von Arthur Rimbaud *Le Bateau Ivre* (Das trunkene Schiff) auf einer 300 Meter langen Wand eingraviert ist. (Rimbaud schrieb dieses Gedicht im Jahr 1871 im Alter von nur 16 Jahren.) In der winzigen Rue Férou waren 1927 zudem Hemingway und seine zweite Frau Pauline Pfeiffer zuhause. Am Ende der Rue Férou an der Kreuzung zur ***Rue de Vaugirard*** liegt der wundervolle *Jardin du Luxembourg*, der bei Pariserinnen und Parisern, Kindern und Touristen gleichermaßen beliebte Park. Maria de' Medici, die Witwe Heinrichs IV., ließ diesen Park 1612 anlegen.

Seine 23 Hektar umfassen Rasenflächen, baumbestandene Promenaden, Blumenbeete, Kastanienhaine und einen achteckigen Teich, in dem Kinder ihre Spielzeugboote schwimmen lassen, ein Marionettentheater, einen Spielplatz, einen Musikpavillon, Tennisplätze und Cafés. Die legendären, grünen Pariser Metallstühle sind über den ganzen Park verteilt. Die Stimmung ist ruhig und gelassen, elegant und lokal.

Verlassen Sie den Park an der hübschen ***Rue de Fleurus***, biegen Sie an der Kreuzung zur ***Rue Madame*** nach rechts ab und legen Sie an den Schmuckstücken der Rue Madame eine Pause ein. Das *Café Madame*, das Restaurant *Le Pont Traversé* und das Kuriositätengeschäft *Marin Montagut* – alle sind einen Besuch wert. Alternativ können Sie den Park am Ausgang zur Rue de Vaugirard verlassen und auf der ***Rue de Tournon*** auf die Manufaktur *Astier de Villatte* und andere Schätze stoßen.

WICHTIGE ADRESSEN

Marin Montagut, ***48 Rue Madame***

An einer smaragdgrünen Fassade mit einer gestreiften Markise erkennen Sie, dass Sie an dem skurrilen Kaufhaus und Kuriositätenkabinett des Designers Marin Montagut angekommen sind. Auch im Inneren des Geschäfts ist seine Vorliebe deutlich zu erkennen; die Einzelstücke werden in Eichenregalen aus den 1940er-Jahren ausgestellt, alles von handbemalten Glasartikeln und Landkarten bis zu den vom Inhaber persönlich mit Aquarellzeichnungen bemalten Perzellantellern, Pappschachteln und Vintage-Funden von seinen Reisen. Dieses Geschäft sollten Sie auf keinen Fall verpassen.

Astier de Villatte, ***16 Rue de Tournon***

Dies ist der zweite Laden der schicken und unvergleichlichen Keramikmarke von Benoît Astier de Villatte und Ivan Pericoli, beide Absolventen der École des Beaux-Arts. Statt mit Porzellan arbeiten die Kunsthandwerker mit schwarzem Terracotta, einem Material, das meist für Skulpturen verwendet wird. Im Stil der alten Römer drücken Sie den Ton in eine Gipsform und lackieren das Stück dann mit strahlend weißer Glasur. Das Ergebnis ist beeindruckend. Neben der eigenen Keramik umfasst das Angebot verspielte Stücke aus Kollektionen, die in Kooperation mit anderen Künstlern entstanden sind, darunter der amerikanische Decoupage-

Künstler John Derian, die japanische Malerin Setsuko Klossowska de Rola und die französische Bildhauerin Serena Carone.

Einen kurzen Spaziergang entfernt liegt die ***Rue des Saints-Pères***, an der das 6. *Arrondissement* ins 7. übergeht. Hier präsentiert sich einer der schönsten Blumenläden von Paris, *La Boutique des Saints-Pères* (Nummer 14). Pausieren sie im *Saint Pearl* in Hausnummer 38, um einen Flat White und Pfannkuchen zu genießen, oder beim altmodischen Chocolatier *Debauve & Gallais* in Nummer 30, um neuzeitliche Trüffel zu kaufen.

Auch wenn Sie sich nach den ausgedehnten Stadtwanderungen ausgiebiger erholen möchten, ist die Auswahl groß. Sie können zum Beispiel in die ***Rue de Médicis*** gehen, wo viele Cafés und Restaurants einen wundervollen Blick auf den Jardin du Luxembourg bieten. Wenn Sie den Weg in Richtung *Odéon-Théâtre de l'Europe* einschlagen, können Sie den langen Tag mit einem Abendessen oder einem Getränk in einem der zahlreichen Restaurants auf dem Platz oder entlang der ***Rue Racines*** ausklingen lassen.

THE SMITHS
CAVE A BIERES
Berthill

CAFE

17

Le Procope
Fondé en 1686
Café Restaurant
RESTAURANT
Salon de Thé
fondé en 1686
Le Procope
BRASSERIE

PRADA
PRADA

ROSA LUNA

RUE LOBINEAU
TEUR PATISSERIE
PATISSERIE TRAITEUR

MABILLON
MABILLON

HOTEL
LE
RELAIS
MEDICIS
23
POESIE
LE RELAIS MEDICIS

ICI VECUT
JORGE LUIS BORGES
1899 - 1986
Ecrivain Argentin
LORS DE SES FREQUENTS SEJOURS
13
H

Cort.
Salicis conc.
BISMUTHUM
SUBNITRIC
KALIUM
IODATUM
SAL
ACETOSEL
FLORES
MALVE
Marceau
Marin
Paris

MARSFELD UND INVALIDENDOM

7. ARRONDISSEMENT

HERRLICHE BLICKE AUF DEN EIFFELTURM, GROSSE MUSEEN, VERSTECKTE PARKS UND EINZIGARTIGE GESCHÄFTE

MARSFELD UND INVALIDENDOM

#prettycityparis

BARTHÉLEMY 51 Rue de Grenelle
LE BON MARCHÉ 24 Rue de Sèvres
CONSERVATOIRE DES HÉMISPHÈRES 96 Rue du Bac
OH MY CREAM! 104 Rue du Bac
BOISSIER 77 Rue du Bac

AOYAMA FLOWER MARKET 96 Rue du Bac

COUTUME 47 Rue de Babylone

DEYROLLE 46 Rue du Bac
MUSÉE RODIN 77 Rue de Varenne

L'ÉCLAIR 32 Rue Cler
ARPÈGE 84 Rue de Varenne
CAFÉ VARENNE 36 Rue de Varenne
GRACE CAFÉ 8 Rue de Commaille

Pont Alexandre 111, Rue Cler, Rue du Bac

PRETTY CITY PARIS

CAFE LE RECRUTEMENT

MALABAR

Das 7. Arrondissement umfasst einen großen Teil des *Rive Gauche*, vom Eiffelturm bis *Saint-Germain-des-Prés*, und strahlt Adel, Eleganz und *Savoir-faire* aus. Dieser makellose Stadtteil ist leicht zu Fuß zu erkunden und bietet viele Höhepunkte: *La Dame de Fer*, das Musée d'Orsay, das Musée Rodin und der spektakuläre Invalidendom gehören zu den berühmten Wahrzeichen. Außerdem wohnt hier die Elite der Pariser Politik und Finanzwelt. Ein Besuch in den weltberühmten Museen, die Nahansicht des majestätischen Eiffelturms und Napoleons Grab ziehen das ganze Jahr über Millionen von Touristen an. Doch wie bei den anderen Rundgängen in diesem Buch gehe ich nicht davon aus, dass Sie die Wunderwerke in ihren Einzelheiten erleben wollen und stattdessen beim Flanieren im Schatten dieser Attraktionen lieber die Mischung aus Häusern aus dem 18. Jahrhundert, Wohnungen aus dem 19. Jahrhundert, malerischen Sträßchen, Boutiquehotels und einer der schönsten Gourmetstraßen entdecken möchten.

MARSFELD UND INVALIDENDOM (7. ARRONDISSEMENT)

Ihr Tag beginnt am ***Champ de Mars (Marsfeld)***, das von baumbestandenen Wegen flankiert ist. Diese lange, ausgedehnte Grünfläche erstreckt sich vom Eiffelturm bis zur École Militaire im Bereich des *Invalidendoms*. Kommen Sie in der goldenen Morgenstunde, um die Menschenmengen zu meiden und das beste Licht zum Fotografieren zu finden. Doch bleiben Sie nur so lange, bis Sie die Aussicht genossen haben. Danach laufen (nicht gehen!) Sie zur ***Rue Cler***, um sich in das lebhafte Treiben einer der quirligsten Marktstraßen in Paris zu werfen.

In der Rue Cler, einer eher kurzen Fußgängerstraße im Schatten des Eiffelturms, reiht sich Geschäft an Geschäft, die Auslagen reichen häufig bis auf die Kopfsteinpflasterstraße hinaus. Bummeln Sie diese Straße besonders langsam herunter, um einen Eindruck vom Dorfleben in der Metropole zu bekommen – sie ist in vielerlei Hinsicht ein Abenteuer, besonderes aber für Ihr Portemonnaie. Die saftigen Preisen spiegeln zum einen die Produktqualität, zum anderen wahrscheinlich den Standort wider. Ich habe dennoch das Gefühl, dass die Pariserinnen und Pariser aus allen Richtungen der Stadt zum Einkaufen hierherkommen. Teeläden, Fisch- und Käsehändler, Obst- und Gemüsestände, Gebäck, eine *Crêperie*, Schokoladen- und Spezialitätengeschäfte jeder Art – anhand der Warteschlangen erkennen Sie, welche Geschäfte das beste Angebot haben. Ich kann mir kaum etwas Schöneres vorstellen, als die Rue Cler langsam auf- und abzugehen, hier und dort eine Tür zu öffnen, die italienischen Leckerbissen im *Davoli*, ein oder zwei Stück Käse in *La Fromagerie*, Schokolade von *Alain Ducasse*, *Pralus* oder À la Mère de Famille, ein Crêpe bei *Ulysse en Gaule*, ein Macaron von *Ladurée* zu probieren. Den kulinarischen Genuss unterbreche ich mit den duftenden Rosen von *Cler Fleurs* und kröne ihn mit dem ansteckenden Stimmengewirr, das von einem der begehrten Tische im *L'Éclair* herüberweht. Egal was Sie hier tun – das hier ist ein Stück des Pariser Himmels.

Ein wenig abseits liegt das Herz der ***Rue Saint-Dominique***, auch sie ist wegen ihrer Fülle an großartiger Gastronomie, alteingesessenen Bäckereien, neuen *Pâtisserien*, brillanten Boutiquen, Restaurants und dem märchenhaften Blick auf den Eiffelturm (manchmal muss man sich einfach nur umdrehen, um ihn zu sehen!) ein Juwel unter den berühmten Pariser Straßen. Sie windet sich um die gesamte Breite des 7., weshalb Sie wahrscheinlich nicht ausreichend Zeit haben, sie vollständig zu erkunden. Biegen Sie daher von der Rue Cler kommend nach

AU SAUVIGNON
MEPHISTO
Vins de Propriétés
Maison de Qualité
Depuis 1954
Champagnes
Digestifs
Santenay
Saumur
Volnay
Côte Rôtie
Quincy

TULIPES
18 € la botte

DEYROLLE

Petites

PARIS
PARIS
VILLE DES NOCTAMBULES
Huile d'Olive
Montmartre
COMPAGNIE FRANCAISE DES CHOCOLATS ET DES THÉS

Bouquet Lifestyle
pour la cuisine
15€

links ab, um noch mehr kulinarische Highlights zu finden. Bereit für ein saftiges Croissant? Die Straße runter befindet sich die Bäckerei *Les Petit Gourmands*.

Alternativ schauen Sie sich die historische Fassade und die Kassettendecke in der Bäckerei *Maison Bergeron* an. Danach können Sie zurück zur Kreuzung ***Boulevard de la Tour-Maubourg*** gehen, vorbei an der Cocktailbar *Le Malabar*, der alten Bäckerei *Le Moulin de la Vierge* und vielen anderen Geheimtipps. Vergessen Sie auf keinen Fall, ein Foto eines Pariser Postkartenmotivs zu machen: vom *Le Recrutement Café* mit dem eleganten Eiffelturm im Hintergrund.

Von den großen Pariser Museen kann man nie genug bekommen, egal wie oft man sie gesehen hat – die Impressionisten des *Musée d'Orsay* und die großen Säle und Gärten des *Musée Rodin* sind immer einen Besuch wert. Auf diesem Rundgang haben Sie wahrscheinlich kaum Gelegenheit, vor dem Menschenandrang dort zu sein. Wenn Sie jedoch unbedingt einen Museumsbesuch in Ihre Parisreise einbauen möchten, sollten Sie das Musée d'Orsay an den Anfang dieses Rundgangs legen. Und wenn Sie sich mit einem zweiten Kulturhighlight belohnen möchten, ist das kleinere *Musée Rodin* in der 77 ***Rue de Varenne*** eine gute Wahl.

Bei einer allzu langen Warteschlange können Sie auch nur die Gärten besuchen. Bei einem Spaziergang durch den umfassenden Bestand an unterschiedlichen Bäumen und Blüten sehen Sie, wie Rodins berühmte Skulpturen mit der traumhaften Umgebung verschmelzen. Natürlich können Sie auch auf einer der zahlreichen Bänke Platz nehmen und den Park auf sich wirken lassen.

Ganz zufällig liegt das Rodin-Museum auch an einer meiner Lieblingsstraßen von Paris. Wenn Sie das Museum verlassen und in Richtung Osten auf die Rue de Varenne gehen, werden Sie sehen, warum. Die hoch aufragenden Regierungsgebäude in der oberen Hälfte der Straße wirken auf den ersten Blick vielleicht nicht sehr romantisch. Doch Geschichtsfans sollten auf Nummer 57 achten: Das *Hôtel Matignon* ist seit 1922 der offizielle Pariser Sitz des französischen Premierministers. Ich gebe zu, dass ich anfangs übersehen habe. Ich war zu sehr mit Hausnummer 56 beschäftigt! Obwohl dieser Teil der Straße von Regierungsgebäuden überhäuft ist, bieten sie alle zusammen in Richtung Ende der Rue de Varenne und darüber hinaus einen wundervollen Blick. Vielleicht sorgt auch die Aussicht auf die baldige Ankunft in der Rue du Bac – die Crème de la Crème des 7. – dafür, dass ich meine Schritte vor lauter Aufregung beschleunige.

Wenn Sie von Feinschmeckertipps die Nase voll haben, können Sie diesen Teil der Tour auslassen und sich in die Warteschlange am Musée d'Orsay einreihen. Aber ich empfehle Ihnen weiterzugehen. Unbedingt erwähnenswert ist, dass diese Straße laut dem französischen Wochenmagazin *L'Obs* in den letzten Jahren zu einem »goldenen Gourmet-Dreieck« geworden ist.

Belohnen Sie sich selbst im *Arpège*, einem Drei-Sterne-Restaurant in Nummer 84, das auf der Liste der besten Restaurants der Welt steht. Sie können auch auf der Rue de Varenne bleiben. In der Nähe der Kreuzung zur ***Rue du Bac*** werden Sie eine kleine Gruppe auffallend schöner Ladenfassaden entdecken. Im Inneren dieser Geschäfte erleben Sie die Quintessenz von Paris.

WICHTIGE ADRESSEN

Les Petits Champs, ***38 Rue de Varenne***
Ein niedlicher, kleiner Lebensmittelladen mit stahlblauer Fassade und überbordenden Obst- und Gemüsekörben.

Etienne LÉVY, ***42 Rue de Varenne***
Dieser Antiquitätenladen ist über hundert Jahre alt.

Brûlerie de Varenne, ***44 Rue de Varenne***
Eine Kaffeerösterei für Feinschmecker.

Rose & Perle, ***27 Rue de Varenne***
Ein unglaublich netter Lachs- und Kaviarhändler. Die letzten beiden Adressen sind bemerkenswerte Tipps, Inhaber ist der Ex-Finanzexperten Jean-Philippe Chillet.

Gâteaux d'Émotions, ***37 Rue de Varenne***
Die Pariser *Pâtisserie* des berühmten Küchenmeisters Philippe Conticini.

Die Wiedereröffnung des Feinschmecker-Supermarktes *La Grande Epicerie de Paris* um die Ecke in der Rue de Varenne hat den Titel »Goldenes Gourmet-Dreieck« für diese Gegend zweifellos beflügelt. Auch die Eröffnung der ***Beaupassage*** – einer Art moderne, offene Version einer überdachten Passage, die die Verbindung zwischen Rue du Bac, ***Rue de Grenelle*** und ***Boulevard Raspail*** herstellt – hat zur Krönung der Gegend beigetragen.

CONFISEUR
BOISSIER PARIS
DEPUIS 1827
MAÎTRE CONFISEUR

AB
La Patte de Loup

FUSIONS

ARR
BABYLONE
SiP

Aoyama Flower Market
VARENNE
CAFE
VARENNE
FEUILLES ET RARETES
A LA PESÉE
APPROVISIONNEMENT REGULIER
ET DE PARFAITE QUALITE
THÉS

Zu den Superstars in der Beaupassage gehören das glamouröse Restaurant mit Weinbar *Allénothèque* Yannick Alléno, das *Daily Pic*, ein Restaurant der mit drei Michelin-Sternen ausgezeichneten Chefköchin Anne Sophie-Pic, und das *Thierry Marx Bakery*, in dem Chefkoch Thierry Marx seinen Stammkunden ein Baguette mit dem Namen *La Loyale* (Die Treue) verkauft. Direkt daneben liegt das japanische Spezialitätenkaffeegeschäft *Arabica*.

Natürlich müssen Sie kein Feinschmecker sein, um Freude an der Rue du Bac, der nächsten Straße in meinem Rundgang zu haben. Die Rue du Bac erstreckt sich etwa 1.150 Meter von der Seine zur ***Rue de Sèvres*** und ist ein Geheimtipp in Paris. Exklusive Boutiquen, friedliche Parks, wunderschöne Häuser sowie der legendäre Präparator *Deyrolle* und das elegante Kaufhaus *Bon Marché* sind nur einige der Highlights. In der Rue du Bac erhalten Sie ein authentisches Gefühl für das Leben am *Rive Gauche*. Wenn Ihre Zeit nur für eine Straße im 7. reicht, entscheiden Sie sich für diese. Aber wenn Sie alle Glanzlichter dieser langen Straße der Genüsse erleben möchten, müssen Sie es wie ich machen: Kommen Sie einfach immer wieder.

Sollten Sie bereits ein wenig müde sein und das klassische Paris sowie einen *Café a la crème en terrace* genießen wollen, halten Sie im *Café Varenne* an. Die pure *joie de vivre* (Lebensfreude) nicht zuletzt wegen des zuvorkommenden Personals, das Sie in traditioneller Kleidung und mit einem freundlichen Lächeln bedient – Warteschlange nicht ausgeschlossen. Aber definitiv lohnt es sich zu warten.

Neben dem Café Varenne liegt der zauberhafte *Aoyama Flower Market*, eine japanische Marke, die das Konzept des »Jeden Tag mit Blumen leben« verbreitet. Die skurrile Fassade passt perfekt zu dem Füllhorn wunderschöner Ateliers. Nebenan in Hausnummer 96 befindet sich das *Conservatoire des Hémisphères*; treten Sie ein, versinken Sie im weichen Teppichboden und erfreuen Sie sich an einem höchst luxuriösen Teehaus. Es wurde 2021 von Alice Bureau eröffnet, sein Stil ähnelt einem Kuriositätenkabinett und vermittelt ein Gespür dafür, wie es hier vor 100 Jahren ausgesehen hat. Probieren Sie sich durch die außergewöhnliche Palette traditioneller Kräutertees und wundervoller Spezialkreationen und lassen Sie die exquisiten Verpackungen auf sich wirken – der perfekte Ort, um ein schönes Geschenk oder Souvenir zu finden.

Ein schöneres Symbol für die französische Konditoreikunst als das *Maison Boissier* ist kaum vorstellbar, sie finden es auf der anderen Straßenseite in Nummer 77. Diese legendäre Konditorei wurde 1927 gegründet und ist bei Ein-

u Babylon
RESTA
T

BARTHÉLEMY

JULIAN
INTERFLORA
JULIAN meilleur ouvrier de france

BOULANGERIE PATISSERIE
64

ANGELINA
Maison fondée en 1903
ANGELINA
ANGELINA

12
SOLFÉRINO

heimischen und Besuchern gleichermaßen beliebt. Bekannt ist sie für ihre lange Liste an Kreationen mit verlockenden Namen wie *Le marron glacé*, *Bonbon boules* oder ihre Blütenblätter-Schokoladen. Folgen Sie meinen Spuren oder vielmehr den Spuren der ehemaligen Stammkunden Victor Hugo und Émile Zola. Allein die Verpackung verführt sogar Menschen mit einer (eher ungewöhnlichen) Aversion gegen Süßigkeiten.

Gehen Sie von hieraus Richtung Norden und überqueren Sie den ***Boulevard Saint-Germain***. So gelangen Sie zu dem legendären Geschäft Deyrolle in der 46 Rue du Bac. Dieses zweigeschossige Heiligtum der Taxidermie und Entomologie ist seit 1831 auf die Präparation von Tieren und die Insektenkunde spezialisiert und hat viel mehr zu bieten als den reinen Verkauf. Vollgepackt mit präparierten Tieren, die von Parks und Museen gespendet wurden (fast alle Tiere sind eines natürlichen Todes gestorben), ist es ein wahrer Tempel der wundersamen Überraschungen. Vom Zebra zum Käfer, von grusligen Kunstwerken bis zu Infoplakaten – beim Gang durch die verschiedenen Räume bekommt man schnell den Eindruck, durch ein Naturkundemuseum zu wandern. Der Unterschied ist jedoch, dass Sie die meisten Tiere hier käuflich erwerben können. Zwar sind einige exotische Exemplare nicht verkäuflich, doch so ziemlich alle Prachtstücke in diesem Geschäft kann man auch mieten. Der mit gut erhaltenem Parkettboden, Holzschubladen und -schränken für die Tiere ausgestattete Laden ist auch für Location Scouts ein wahres Paradies. Kaum vorstellbar, dass der gesamte Laden 2008 durch einen Brand vollkommen zerstört wurde. Doch mithilfe von Spenden von Künstlern konnten das Gebäude und alles, was es darin zu entdecken gibt, wiederhergestellt werden. Besucher mit Adleraugen werden erkennen, dass das Geschäft eine Rolle im Film *Midnight in Paris* gespielt hat. Wenn Sie vorbeischauen, werfen Sie auf jeden Fall auch einen Blick in das vom Eigentümer Prince Louis Albert de Broglie verfasste Buch *A Parisian Cabinet of Curiosities: Deyrolle*.

Vergessen Sie vor dem Gehen nicht, sich von der gegenüberliegenden Straßenseite die große Fassade und den Blumenladen nebenan anzuschauen. Einen Moment der Ruhe können Sie dann in der Kirche Église Saint-Thomas-d'Aquin genießen, einer hübschen katholischen Kirche um die Ecke. Alternativ können Sie Ihren Tag mit einem Abendspaziergang entlang der Seine ausklingen lassen; der ***Quai Voltaire*** ist nur einen kurzen Spaziergang von hier entfernt.

L'ÉCLAIR
L'ÉCLAIR

STAURANT
FE VARENNE
CAFÉ
VARENNE
VINS
SPRITZ

BON
TON

SÜD-PIGALLE UND SAINT-GEORGES

9. ARRONDISSEMENT

DIE UNGEZOGENE VERGANGENHEIT MACHT PLATZ FÜR STIMMUNGSVOLLE GASTRONOMIE, BOUTIQUEHOTELS, GROSSARTIGE MUSEEN UND ROMANTISCHE KOPFSTEINPFLASTERSTRASSEN

SÜD-PIGALLE UND SAINT-GEORGES

#prettycityparis

GALLERIES LAFAYETTE 25 Rue de la Chau. d'Antin

SÉBASTIEN GAUDARD 22 Rue des Martyrs
À LA MÈRE DE FAMILLE 82 Rue Montorgueil

LE BON GEORGES 45 Rue Saint-Georges
PINK MAMMA 20bis Rue de Douai
BUVETTE 28 Rue Henry Monnier

MUSÉE DE LA VIE ROMANTIQUE 16 Rue Chaptal
MUSÉE NATIONAL GUSTAVE MOREAU
14 Rue Catherine de la Rochefoucauld
PALAIS GARNIER Pl. de l'Opéra

Place St Geroges, Rue des Martyrs, Saint-Georges, Square Alex-Biscarre

HOTEL AMOUR 8 Rue de Navarin

PRETTY CITY PARIS

LE BON GEORGES

LIVRAISON

SOPI

Das weitläufige 9. *Arrondissement* ist vielschichtig mit zwei Stadtteilen: Opéra und Pigalle. Opéra wird einerseits vor allem mit den großen *Magasins* der Belle Époque, den Galeries Lafayette und Au Printemps, sowie mit dem eleganten Palais Garnier und den gewundenen Boulevards mit ihrer klassischen Haussmann-Architektur in Verbindung gebracht. Andererseits ist es bekannt für die dekadenten Kabarettshows einer von Toulouse-Lautrec und anderen Künstlern unsterblich gemachten Vergangenheit. Die Gegend wird auch Saint-Georges und SoPi (South Pigalle) genannt. Sie grenzt mit den Vierteln Pigalle und Montmartre im Norden an den Boulevard de Clichy und im Süden an die Rue Saint-Lazare. Die großartige Rue des Martyrs bildet die östliche und die Rue d'Amsterdam die westliche Grenze.

Wenn Sie dem Rundgang in diesem Buch folgen möchten, können Sie über den ruhigeren Wohnbezirk, »La Nouvelle Athènes« gehen, der in den 1820er-Jahren entstanden ist. An diesem Geburtsort der Romantik florierte die vom alten Griechenland inspirierte, elegante neoklassizistische Architektur mit ihren Giebeln und Friesen. Einst war sie der Magnet für die intellektuelle und künstlerische Elite wie Frédéric Chopin, George Sand, Jean Cocteau, Eugène Delacroix und Hector Berlioz. Dennoch hat die Gegend mehr als monumentale Architektur zu bieten. Hier befinden Sie sich in einem der attraktivsten Stadtteile mit coolen Cafés, gepflasterten Plätzen und Boho-Boutiquen. Er hat sogar einen Spitznamen: SoPi. Ein angesagter Ort.

SÜD-PIGALLE UND SAINT-GEORGES (9. ARRONDISSEMENT)

Starten Sie Ihre Tour in der ***Rue des Martyrs***, dem pochenden Herzen des Bezirks, der sich der *Gourmandise* (Feinschmeckerei) verschrieben hat. Hier finden Sie ein Stück authentisches Paris mit seiner unvergleichlichen Energie. Eine lebendige Straße voller Genusstempel, Cafés, Kunsthandwerksläden, Kaffee- und Teehändlern, Dutzenden *Charcuteries*, Metzgern und Käsehändlern, sowie natürlich allem, was sie in einem Dorf erwarten, in dem die Zeit stehengeblieben ist. Trotzdem schaut es mit seinen hippen Boutiquen, dem Nachtleben und den New-Wave-Hotels beherzt in die Zukunft.

Eines der größten Vergnügen in Paris besteht zweifellos darin, diese Straße auf und ab zu bummeln – sie erstreckt sich von der Kirche *Notre-Dame-de-Lorette* im 19. *Arrondissement* bis zur ***Place des Abbesses*** im 18. Der belebte ***Boulevard Marguerite de Rochechouart*** verläuft durch diese beiden *Arrondissements*. Starten Sie diesen besonderen Rundgang in einem der Kunsthandwerkläden und versäumen Sie nicht das Angebot an Olivenölen, Essigen und Senfsorten im *Maison Brémond 1830* oder die große Auswahl an eingelegten Früchten im *La Chambre aux Confiture* nebenan. Die berühmte *Pâtisserie Sébastien Gaudard* befindet sich in der 22 Rue des Martyrs; in diesem altmodischen und eleganten Geschäft für klassisches französisches Gebäck fühlen Sie sich wie in einem Kinofilm. Die bonbonblaue Fassade und das liebevoll gestaltete Schaufenster sind nicht übersehen. Gehen Sie aber auf jeden Fall auch hinein und bewundern Sie die grandiose Innenausstattung mit gemusterten Kacheln und die Glas- und Holztheken. Genießen Sie – ganz wie anno dazumal – ein Schokoladen-Éclair, ein Stück Saint-Honoré-Kuchen, Galettes oder Tartes, um nur einige der Köstlichkeiten zu nennen.

Das kleine *Hôtel Amour* liegt gleich in der Nähe in der 8 ***Rue de Navarin***; schauen Sie sich seine Fassade und die Architektur der gesamten wunderschönen historischen Straße ruhig eine Weile lang an. Gehen Sie dann zurück zur Rue des Martyrs oder weiter auf der Rue de Navarin bis zur ***Rue Henry Monnier***. Dies ist eine meiner Lieblingsstrecken durch dieses *Quartier* und zudem ein Himmelreich an unabhängigen Boutiquen, duftenden Blumenläden und herausragender Gastronomie. Das Schmuckgeschäft *Myrtille Beck* in Hausnummer 20 ist ein echter Blickfang. Nebenan ist *Buvette* in Nummer 28 der Favorit bei Touristen

vins
de soif
BUVETTE
BUVETTE
NEW YORK
du lundi au vendredi
de 8h30 à minuit
&
samedi et dimanche
de 9h à minuit
i love buvette.com

SAINT GEORGES

bar
CAFÉ
PIGALLE

EBEAULIEU

MAISON
FONDÉE EN
1761
À LA MÈRE
DOUCEURS DE LA RENTRÉE

und Einheimischen gleichermaßen, die sich in dem romantischen und freundlichen von morgens bis abends geöffneten Café wie die Sardinen drängen.

Ebenso romantisch ist das Restaurant *Luz Verde* in der 24 Rue Henry Monnier mit seinem loftartigen und kerzenbeleuchteten Interieur. Gleich rechts liegt das klassische Bistro *Le Pantruche,* in dem Sie eine perfekte Mischung aus hochwertigen Speisen und wunderschönem Interieur vorfinden.

Gegenüber sehen Sie das berühmte *Grand Pigalle Hôtel* und den historischen ***Place Gustave Kaspereit***. Achten Sie hier auf die Art-Déco-Buntglasfassade eines ehemaligen Kabaretts, die von den Stichen des japanischen Malers Hokusai inspiriert ist. Hinter der interessanten Fassade verbirgt sich eine historische Villa aus dem Jahr 1837. Direkt nebenan sehen Sie den majestätischen Zugang zur ***Avenue Frochot***, einer privaten, begrünten Sackgasse, die nicht öffentlich zugänglich ist. Wagen Sie trotzdem einen kleinen Blick auf diese Straße mit den eleganten Häusern der ehemaligen Oberschicht von Paris: Victor Hugo, Henri de Toulouse-Lautrec, Edgar Degas und des Sohns von Pierre-Auguste Renoir, Jean Renoir.

Auf einen Late-Night-Cocktail und zum Tanzen gehen Sie am besten ins *Lulu Whites* in der 12 ***Rue Frochot***. Früher am Tag können Sie im *Café Pigalle* in der Hausnummer 7 auf eine Kaffeespezialität einkehren.

Gehen Sie ein Stück zurück und dann nach rechts auf die ***Rue Victor Massé*** und konzentrieren Sie sich auf die herrliche Architektur der Neorenaissance der Hausnummern 23, 25 und 27. Theo van Gogh lebte in Hausnummer 25. Sein Bruder Vincent lebte hier mit ihm bei seinem zweiten Aufenthalt im März 1886. Und Berthe Weil eröffnete hier 1901 die erste von einer Frau geleitete Kunstgalerie, in der sie bedeutende Künstlerinnen und Künstler des 20. Jahrhunderts ausstellte. Auch Edgar Degas lebte von 1890 bis 1912 in dieser Straße in der Hausnummer 37.

Vorbei an den Gitarrengeschäften in der ***Rue de Douai*** befindet sich etwas zurückgezogen in Nummer 20 die Trattoria *Pink Mamma* des bekannten und beliebten Big-Mamma-Konzerns. Stärken Sie sich hier mit einer köstlichen Pizza und hausgemachten Pasta, aber besuchen Sie auf jeden Fall die Dolce-Vita-Dachterrasse im 4. Stock, um die atemberaubende Aussicht auf die Skyline zu genießen.

Gehen Sie nun zur ***Rue Blanche***, biegen Sie nach links auf die ***Rue Chaptal*** ab und gehen Sie bis zur charmanten, blumengeschmückten Passage zum zauberhaften *Musée de la Vie Romantique* (16 Rue Chaptal), einem Highlight dieser Gegend. In dem Haus aus dem Jahr 1830 lebte einst der niederländische Maler Ary Scheffer, dessen Tür für seine Freunde wie zum Beispiel Delacroix, Sand und Chopin immer offenstand. Dauerausstellungen erzählen vom Werk Scheffers

MARIETTE
THE VIRGIN

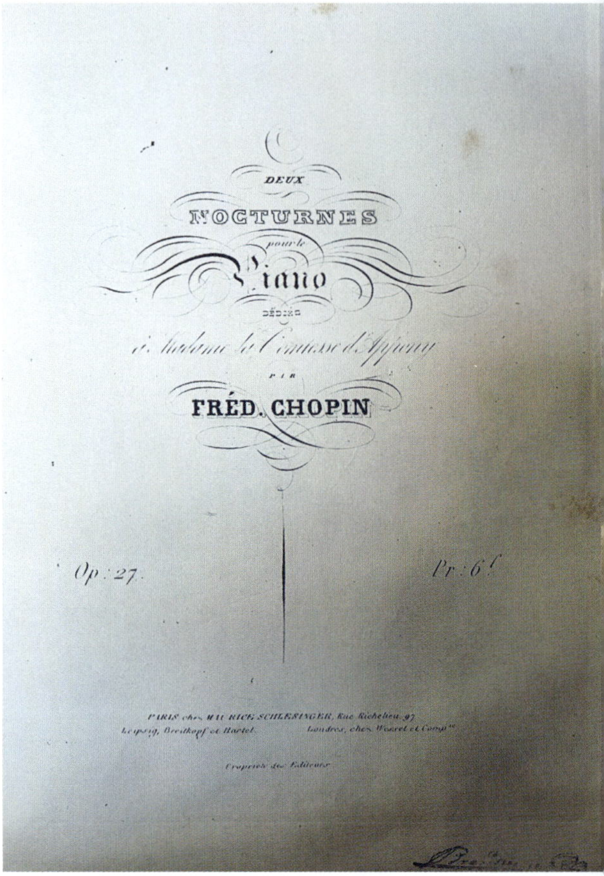
DEUX
NOCTURNES
pour le
Piano
DÉDIÉS
PAR
FRÉD. CHOPIN
Op: 27.
Pr: 6f.
PARIS chez MAURICE SCHLESINGER, Rue Richelieu 97
Leipzig, Breitkopf et Hartel.
Londres, chez Wessel et Comp.

Pasteis
avec ou
sans canelle
1,50€

EAU CHAUDE A TOUS LES ETAGES

und anderer französischer Künstler der Romantik. Das Erdgeschoss ist heute den Arbeiten von Sand gewidmet.

Antike Möbel, Gemälde, Schmuckstücke und sogar ein Gipsmodell der Hand von Chopin bilden eine sagenhafte Sammlung, die in einem rekonstruierten Salon präsentiert wird.

Gehen Sie, wenn Sie das Museum verlassen, nach links und dann nach rechts auf die ***Rue Catherine de La Rochefoucauld***, um ein weiteres exquisites, doch etwas verstecktes Museum zu besuchen, das *Musée National Gustave Moreau* (Nummer 14). Hier lebte früher der symbolistische Maler Gustave Moreau (1826–98), dem das Museum heute gewidmet ist. Erleben Sie seine Werke, darunter Tausende seiner Zeichnungen, Gemälde und Aquarelle, und bewundern Sie die fantastische geschwungene Marmortreppe.

Anhänger historischer Architektur sollten an der ***Rue de la Tour-des-Dames*** vorbeigehen, wo sich eine Reihe neoklassizistischer Bauten befindet. Hier finden Sie die schönsten Beispiele für Häuser im an den Hellenismus angelehnten Stil »La Nouvelle Athènes«. In der ersten Hälfte des 19. Jahrhunderts lebten hier höchst berühmte Schauspieler. Besonders die Hausnummern 1, 3 und 9 weisen atemberaubende Details auf. Ganz in der Nähe liegt der Privat-Club *Soho House* in der ***Rue la Bruyère*** – auch diese Straße ist einen näheren Blick wert. Unweit in der 45 ***Rue Saint-Georges*** befindet sich das Bistro *Le Bon Georges*, in dem Sie klassische französische Speisen serviert bekommen. Die traumhafte, dunkelblaue Fassade mit den goldenen Schriftzügen ist ein perfektes Fotomotiv. Alternativ können Sie in die Rue des Martyrs zurückgehen und weitere Leckerbissen für Feinschmecker genießen. Verlassen Sie das Viertel nicht ohne einen Abstecher an die ***Place Saint-Georges***. Dieser elegante Platz ist umrahmt von neoklassizistischen Stadthäusern, alten Straßenlaternen und einem Metro-Ausgang. Auf beiden Seiten des Platzes steht jeweils ein wundervolles Gebäude – das *Hôtel Dosne-Thiers* und das *Hotel de la Païva* – und an der Südseite sehen Sie das *Théâtre Saint-Georges*. Alle diese Bauten stammen aus den 1800er-Jahren und haben sich seitdem kaum verändert.

Auch die *Galeries Lafayette* (40 **Boulevard Haussmann**), *Au Printemps* (64 Boulevard Haussmann) oder *Palais Garnier* (***Place de l'Opéra***) sind Zeugnisse der Belle Époque. Im Palais Garnier können Sie an einem kostenlosen geführten Rundgang teilnehmen oder einfach nur die spektakuläre Lobby auf sich wirken lassen. Selbst wenn Sie keine Lust zum Shoppen haben, werden sie den Genuss der Jugendstil-Architektur und die gigantische Aussicht von der Dachterrasse der Galeries Lafayette nicht bereuen.

CANAL SAINT-MARTIN UND BASTILLE

10., 11. UND 12. ARRONDISSEMENT

GRÜN UND GELASSEN, MIT EINEM KANAL, DER DURCH DAS VIERTEL FLIESST. EIN SCHMELZTIEGEL HIPPER RESTAURANTS UND TRADITIONELLER BÄCKEREIEN UND INSPIRIERENDER STREET ART

CANAL SAINT-MARTIN

BASTILLE

#prettycityparis

DU PAIN ET DES IDÉES 34 Rue Yves Toudic
LIBERTÉ 39 Rue des Vinaigriers
CONFITURE PARISIENNE 17 Av. Daumesnil

JAMINI 10 Rue du Château d'Eau
L'ART DU TEMPS 63 Rue de Charonne
ANTOINETTE POISSON 12 Rue St Sabin

HORTICUS 22 Rue Yves Toudic
LES FLEURS 5 rue Trousseau, Pass. Josset et 6

BONJOUR JACOB COFFEE 28 Rue Yves Toudic
BACI BISOU 25 Rue des Vinaigriers

LA FONTAINE 31-33 Rue Juliette Dodu
HÔTEL DU NORD 102 Quai de Jemmapes
LE TRAIN BLEU Pl. Louis-Armand
SEPTIME & CLAMATO 80 Rue de Charonne
CHEZ PAUL 13 Rue de Charonne
BISTROT PAUL Bert 18 Rue Paul Bert

Passerelle des Douanes, Jardin de l'Hôpital Saint-Louis, Street Art (10 Rue des Vinaigriers), Marché d'Aligre, Cour Damoye, Rue Crémieux, Jardin Villemin

PRETTY CITY PARIS

CHARCUTERIES 6€
-JAMBON CRU-
-CHORIZO BELLOTA-
-VERITABLE ROSETTE DE LYON-
-TERRINE DE CAMPAGNE AU BEAUJOLAIS-
ELIXIRS DIVERS
CHOCOLAT CHAUD 4,00
CHOCOLAT VIENNOIS 5,00
CAFÉ VIENNOIS 5,00
INFUSIONS ET THÉS 4,00
VIN CHAUD 6,00
GROG AU RHUM 6,00
CITRON CHAUD 3,50
PROTECTION DES MINEURS
RÉPRESSION DE L'IVRESSE PUBLIQUE

Grün und gelassen, gleichsam lebhaft und trendy, mit angesagten Bars, Street Art und Gastronomie am Kanal – Canal Saint-Martin im 10. *Arrondissement* ist eine der beliebtesten Gegenden in Paris. Wenn Sie ein anderes Gesicht von Paris kennenlernen möchten, gehen Sie ins 11. *Arrondissement* rund um die Bastille. Mit seinem Reichtum an hervorragenden Restaurants, Bars, Cafés und inhabergeführten Geschäften ist dieses Viertel das turbulentere Gegenstück zu Le Marais.

CANAL SAINT-MARTIN (10. ARRONDISSEMENT)

Beginnen Sie den Tag mit einer köstlichen Schokoladen-Pistazien-Schnecke aus der Bäckerei *Du Pain et des Idées* in der 34 ***rue Yves Toudic*** – ein echter Geheimtipp. Die Schaufenster über mehrere Etagen sehen bereits zum Anbeißen aus, und im Laden warten die verlockendsten Backwaren. An der Warteschlange erkennen Sie, wie beliebt diese Bäckerei ist. Planen Sie auf jeden Fall ein wenig Wartezeit ein – es lohnt sich. Von hieraus bummeln Sie vorbei an einer Gruppe herrlicher Gebäude und biegen dann nach links in die ***Rue Beaurepaire***, auch sie ist ein Paradies für Flaneure. Am Ende der Straße stoßen Sie auf den ***Canal Saint-Martin***.

Er wurde 1802 von Napoleon erbaut, um Paris mit Trinkwasser zu versorgen, doch schließlich diente er vor allem für den Transport von Baumaterialien. Noch heute dient der Kanal als Wasserweg, den Sie am besten an einem warmen, sonnigen Tag genießen, wenn Pariser und Touristen an den Uferstraßen Rad fahren oder spazieren gehen. Machen Sie es wie sie und gönnen Sie sich den einen oder anderen Abstecher in eines der zahlreichen Juwelen an Ufer. Natürlich können Sie auch eine Bootstour auf dem Kanal antreten.

An Sonntagen sind der ***Quai de Valmy*** und ***Quai de Jemmapes*** für Fußgänger reserviert. Spazieren Sie unter den Kastanien und Platanen des Quai de Valmy und werfen Sie einen Blick in die pastellfarbenen Häuser der Boutique *Antoine et Lili* am 95 Quai de Valmy. Wandern Sie über die eiserne Fußgängerbrücke und tauchen Sie in die Atmosphäre des *Hôtel du Nord* am 102 Quai de Jemmapes ein oder genießen Sie einen Brunch im *Ten Belles* in der 10 ***Rue de la Grange aux Belles***. Auf dem Weg dorthin sollten Sie es machen wie Amélie Poulain in dem Film »Die fabelhafte Welt der Amélie« und kleine Steinchen über das Wasser springen lassen. Verpassen Sie nicht das großartige Street-Art-Werk am Eckhaus ***Rue Jean Poulmarch*** und Quai de Valmy. In der ***Rue des Vinaigriers*** erwartet Sie eine wundervolle Auswahl an individuellen Geschäften, Cafés und Weinbars und natürlich die Kult-Bäckerei Liberté in Hausnummer 39. Die nahe gelegene Rue Legouvé ist eine ruhige Sackgasse mit fantastisch bunter Street Art.

RUE DE MARSEILLE
BOULANGERIE
PAIN A LA FARINE DE MEULE
ESPRESSO
CAFE ALLONGE
CAPPUCCINO

BASTILLE (11. UND 12. ARRONDISSEMENT)

Weiter geht es auf Ihrem Rundgang durch den Osten von Paris mit dem Viertel rund um die ***Bastille***. In diesem *Quartier* gibt es außer der ***Place de la Bastille*** mit ihrem modernen Opernhaus nur wenige Touristenattraktionen. Doch zweifellos ist es eines der stimmungsvollsten Viertel, in dem Sie bei einem Bummel wunderschöne Eindrücke sammeln können. Auf der Suche nach traditionellen Geschäften und hervorragenden Restaurants sind Sie auf der ***Rue de Charonne*** genau richtig. Lassen Sie sich in den ländlichen anmutenden Passagen treiben.

WICHTIGE ADRESSEN

Holybelly, ***5 Rue Lucien Sampaix***
Ein unglaublich beliebtes Restaurant, machen Sie sich daher auf eine Warteschlange gefasst. Doch ein wenig Geduld wird mit einem der wahrscheinlich besten Brunches der Stadt belohnt.

Septime, ***80 Rue de Charonne***
Das Luxus-Reisemagazin *Condé Nast Traveller* beschreibt dieses Restaurant als »exzellente Küche ohne Pomp und Prunk oder Arroganz. Grébaut beherrscht es meisterhaft, die Aromen jeder Zutat hervorzuzaubern und mit der Konsistenz zu spielen.« Da es zu den fünfzig besten Restaurants der Welt zählt und Reservierungen nur drei Wochen im Voraus angenommen werden, ist es jedoch leider schier unmöglich, hier einen Platz zu ergattern. Doch grämen Sie sich nicht: Nebenan gibt es die kleine Schwester, das Restaurant *Clemato*. Ganz ohne Reservierung bekommen Sie hier ein wunderbares Angebot an Meeresfrüchten und anderen Speisen in einer unaufgeregten Umgebung.

Septime La Cave, ***3 Rue Basfroi***
Dieses Restaurant liegt gegenüber vom berühmten Septime. Es kann brechend voll sein, ist aber definitiv einen Besuch wert. Die perfekte Alternative, wenn Sie im Septime keinen Platz bekommen oder nur wenig Zeit haben. Dennoch bekommen Sie einen guten Vorgeschmack auf die Marke.

Bistrot Paul Bert, **18 Rue Paul Bert**
Ein exzellentes, klassisches französisches Bistro.

Chez Paul, **13 Rue de Charbonne**
Ebenfalls ein klassisches französisches Bistro. Das echte Frankreich liegt bei diesen beiden lokalen Tipps direkt hinter der Eingangstür.

L'Art du Temps, **63 Rue de Charonne**
Dieser eigenwillige Antiquitätenshop liegt verborgen zwischen den Geschäften und Cafés der Straße und eignet sich hervorragend zum Stöbern.

Besuchen Sie auch einen der Wochenmärkte in dieser Gegend: An jedem Donnerstag und Sonntag breitet sich der *Marché Bastille* auf dem ***Boulevard Richard Lenoir*** aus. Auch den *Marché d'Aligre*, der an sechs Tagen pro Woche geöffnet ist, sollten Sie unbedingt besuchen. Er findet teilweise überdacht in drei wunderschönen Hallen statt und bietet einen üppigen Mix aus Geschäften. In den nicht überdachten Teilen bleiben von Büchern über Antiquitäten bis hin zu Stoffen keine Wünsche offen.

In der 12 ***Rue Saint-Sabin*** liegt das unvergleichliche Atelier *Antoinette Poisson*. Es wurde 2012 von den Konservatoren und Restauratoren Vincent Farelly und Jean-Baptiste Martin gegründet und lässt die Kunst der alten, fast vergessenen Wandtapetentechniken aus dem 18. Jahrhundert wieder aufleben. Die angebotenen Tapetenkollektionen schäumen über vor herrlich komplizierten Blumenmustern in lebhaften Farben. Alle Designs sind von Hand gezeichnet und gestempelt. Die Drucke sind inspiriert von den sogenannten »Domino-Papieren«, die einst kleinere Raumnischen wie Wandschränke und Korridore zierten. Darüber hinaus werden in dieser exquisiten Boutique beliebte Schmuckstücke, Porzellan, Lederaccessoires und Textilien angeboten.

Einen Ruhepol in diesem regen Treiben finden Sie im ländlichen Stil der verborgenen Passage ***Cour Damoye*** (Zugang über 12 Place de la Bastille). Diese 100 Meter lange, für den Autoverkehr geschlossene Straße war einst die Heimat Dutzender Ateliers aus der Faubourg Saint-Antoine. Trotz der Renovierung in den 1990er-Jahren hat dieser hübsche Durchgang nichts von seinem Charme verloren. Heute finden sich hier moderne, inhabergeführte Geschäfte. Zu den

CHEZ PAUL
METEOR

6
PRODUITS D'AUVERGNE

L'ATELIER de TORRÉFACTION
CUIR AU CARRE

kleinen Läden gehören eine Kaffeerösterei, eine Restaurierungswerkstatt für alte Plakate und ein Lederwarenhersteller.

Les Fleurs: Der vielleicht schönste Blumenladen und Concept Store in Paris in der 5 ***Rue Trousseau*** 5 – meiner Meinung nach verdient er diese Bezeichnung jedenfalls.

Ganz in der Nähe liegt hinter einer altmodischen Fassade eine weitere Überraschung: die *Boulangerie Bo*. Sie ist bekannt für ihr jahrzeitlich wechselndes Angebot an Backwaren mit asiatischem Touch und treuer Stammkundschaft. Darüber hinaus hat die Gegend noch zahlreiche weitere hervorragende Restaurants zu bieten. Wenn Sie keine Lust auf Backwaren haben, finden Sie in einer der Nebenstraßen sicher etwas für Ihren Geschmack.

Nicht weit von hier liegt die ***Rue Crémieux***. Sie ist eine der buntesten Straßen von Paris, die Sie unbedingt anschauen sollten. Bitte berücksichtigen Sie jedoch, dass es eine ruhige Wohnstraße ist.

RUE
EMILIO
CASTELAR
ANGERIE VIENNOISE
BOULANGERIE
PEACH

CAFE
CAFE
L'INDUSTRIE

Fleuriste

les fleurs

AVENUE
LEDRU-ROLLIN
CHAMP LIBRE

MONTMARTRE

18. ARRONDISSEMENT

MAJESTÄTISCHES HÜGELDORF MIT KÜNSTLERISCHER VERGANGENHEIT UND ENTSPANNTER LEBENSART

MONTMARTRE

#prettycityparis

L'OBJET QUI PARLE
85 Rue des Martyrs

LIBRAIRIE DES ABBESSES
Rue Yvonne Le Tac

LE MOULIN DE LA GALETTE 18 Rue Lepic
LE RELAIS DE LA BUTTE 12 Rue Ravignan
LA MAISON ROSE 2 Rue de L'Abreuvoir
LE CONSULAT 18 Rue Norvins

MUSÉE DE MONTMARTRE 8-14 Rue Cortot

Wall of Love, Rue de L'Abreuvoir, Rue des Abbesses,
Rue des Trois Frères, Rue Gabrielle

BORIS LUMÉ BOULANGERIE 48 Rue Caulaincourt
PÂTISSERIE GILLES MARCHAL 9 Rue Ravignan

HOTEL PARTICULIER 23 Avenue Junot Pavillion

PRETTY CITY
PARIS

CARETTE
CARETTE
CRÊPES GAUFRES

A St PIERRE DE MONTMARTRE
GRAVURES · AQUARELLES · PEINTURES
TABLEAUX A St PIERRE DE MONTMARTRE SOUVENIRS

LE CONSULAT
RESTAURANT
LE CONSULAT
RESTAURANT LE CONSULAT
CAFÉ

In diesem ehemaligen Hügeldorf im 18. *Arrondissement* lebt die künstlerische und intellektuelle Vergangenheit. Der mitreißende historische Charme strömt durch alle gepflasterten Straßen, verborgenen Parks und winzigen Plätze des Montmartre. Die fast ländlich anmutenden Straßen winden sich den Hügel hinauf zur legendären Kirche Sacré-Coeur. Erleben Sie das romantische Paris mit versteckten Parks, winzigen Häusern, außergewöhnlicher Gastronomie, erstklassigen *Boulangerien*, individuellen Geschäften, Museen, Weinbergen, Windmühlen, steilen Anstiegen und atemberaubenden Sonnenuntergängen. Der Montmartre war vielleicht nicht immer schön, aber immer attraktiv. Die Gegend hat sich ihren dörflichen Charme bewahrt, der im 19. und 20. Jahrhundert Scharen von prominenten Künstlern angezogen hat. Schon Pablo Picasso, Vincent van Gogh, Henri Matisse, Edgar Degas und natürlich Pierre-Auguste Renoir liebten den Montmartre und er ist noch heute einen Besuch und vielleicht sogar einen Aufenthalt wert. Doch das Viertel hat weit mehr zu bieten als die Place du Tertre und Scaré-Coeur. Meiden Sie daher die Touristenströme auf ihrem Weg zur Basilika und folgen Sie dem von mir vorgeschlagenen Rundgang.

MONTMARTRE (18. ARRONDISSEMENT)

Starten Sie Ihren Rundgang an der ***Place des Abbesses***. Achten Sie besonders auf das Vordach und das Geländer der Metrostation *Abbesses*, eine der wenigen erhaltenen Jugendstil-Metrostationen aus den 1800er-Jahren. Auch die endlose Wendeltreppe mit Wandmalereien lokaler Künstler ist bemerkenswert. Überqueren Sie die Straße, um zum ***Square Jehan Rictus*** zu gelangen. Hier befindet sich die 40 Quadratmeter große »Wand der Liebe« (311 Versionen der Worte »Ich liebe dich« in 250 Sprachen).

Die *Halle Saint-Pierre*, ein ehemaliger mit einer Glas- und Eisenkonstruktion überdachter Markt, in dem sich heute das *Musée d'Art Naïf – Max Fourny* und eine Bibliothek befinden, liegt nur etwa 5 Minuten zu Fuß entfernt in der 2 ***Rue Ronsard***. Der Eintritt ins Museum kostet Geld, aber die herrliche Aussicht können Sie im hübschen Museumscafé kostenlos genießen. Gehen Sie zurück zur Place des Abbesses und folgen Sie der ***Rue des Abbesses***, einer romantischen Straße mit vielen Geschäften, Cafés und Restaurants. Der beeindruckende Blumenschmuck des Bistros *Le Vrai Paris* in Hausnummer 33 ist ein Blickfang, doch wenn Sie einen ruhigeren Ort suchen, gibt es viele Alternativen. Mir hat das *La Bossue* auf der ***Rue Lepic*** mit seinen wunderbaren Back- und Süßwaren sehr gut gefallen. Im *Café Le Nazir*, einer typisch französischen Brasserie mit klassischen Speisen, herrscht von morgens bis abends ein buntes Treiben.

WICHTIGE ADRESSEN

Aesop, **15 Rue des Abbesses**
Bekannte australische Hautpflegemarke mit zahlreichen Filialen in Paris. Wie alle Zweigstellen passt sich auch diese perfekt an ihren Standort an und wurde gemeinsam mit dem Architekten Ciguë gebaut. Die einfache Eichenholzfassade folgt der Inspiration durch die benachbarten Ateliers. Die traditionellen Gipsfliesen des Innendesigns spiegeln auf kreative Weise die Geologie und Geschichte dieser Gegend wider. Jede Wand- und Regalkachel wurde von Hand gefertigt – eine eindrucksvolle Referenz an die antiken Gipssteinbrüche von Paris.

nom de la

AU
Cabaret

Fondée MAISON en 1956
COLLIGNON
AU MARCHE DE LA
PEINTURE D'ENSEIGNES
SIGN PAINTER

CONFISERIE
PATISSERIE

PLANCHE de Charcuterie

Maison Rose

LLERE
ESTAURANT CH
LERE 1900
CAFE RESTAURANT

La Butte Fromagère, **32 Rue des Abbesses**
Sophie Cormerais eröffnete dieses wunderschöne Käsegeschäft im Jahr 2013. Im Angebot: eine riesige Palette französischer Käsesorten höchster Qualität. Die Auswahl ist schier überwältigend, aber das erfahrene Team leitet Sie mit Leichtigkeit durch das traumhafte Angebot von vorrangig kleinen lokalen Produzenten.

Le Grenier à Pain Abbesses Bodian, **38 Rue des Abbesses**
Lassen Sie ein Croissant oder ein frisch gebackenes Baguette aus dieser klassischen *Boulangerie* auf ihrer Zunge zerschmelzen.

Dann biegen Sie auf der Rue des Abbesses nach rechts auf die ***Rue Tholozé*** ab und gehen weiter bergauf. Tauchen Sie ein in die zahlreichen Geschäfte und Cafés; beachten Sie dabei vor allem das Restaurant *Le Petit Moulin des Mauvais Garçon* in Hausnummer 17 und die Keramikwerkstatt *Atelier Tholozé* in der 18. Bei einem kurzen Abstecher in die ***Rue Durantin*** stoßen Sie in Nummer 27 auf die Patisserie *Les Choupettes de ChouChou* sowie weitere Juwelen. Zurück in der Rue Tholozé werfen Sie einen Blick über die winzigen Häuser mit den überbordenden Blumenkästen hinaus, um *Le Moulin de la Galette* zu entdecken. Sie ist eine von drei erhalten gebliebenen Windmühlen am Montmartre und zeugt von der industriellen Vergangenheit der Gegend. Aber vielleicht überwiegt auch die Erinnerung an den Tanzsaal, zu dem sie 19. Jahrhundert umgebaut wurde. Mit dem damals errichteten grünen Gittergeländer, das das Dach über dem kleinen Park absicherte, wurde sie als Anziehungspunkt für die Nachtschwärmer von Paris legendär. Sie ist der Hintergrund zum Gemälde »Tanz im Moulin de la Galette« von Auguste Renoir.

Nur einen kurzen Fußweg entfernt liegt das familiäre *Hôtel Particulier*, ein schickes Hotel in einer Villa aus dem 19. Jahrhundert mit nur fünf Zimmern, einem abgeschlossenen Hof und dem Spitzen-Restaurant *Le Grand Salon*. Vielleicht schaffen Sie es, im nahe gelegenen Restaurant *Marcel Villa Léandre* einen Platz zu bekommen. Seien Sie aber nicht traurig, wenn das nicht klappt, denn die gesamte im Jahr 1926 auf dem Gelände einer ehemaligen Mühle erbaute Jugendstil-Straße ist einen Spaziergang wert. In der Straße ***Villa Léandre*** liegen die teuersten Häuser von Paris. Wenn Sie im Marcel keinen Tisch ergattern, gehen Sie zur *Boulangerie Boris Lumé* in der 48 Rue Caulaincourt. Die schöne Fassade des Eckhauses lädt zum Verweilen ein. Treten Sie ein und lassen Sie sich von der reichhaltigen Auswahl traditioneller Baguettes, vielfältiger frischer

Sandwiches, allerlei Backwaren, die zwischen Haute Cuisine und Kiosk variieren, Obstkuchen und herzhafter Snacks sowie Pralinés verführen.

Ganz in der Nähe (nur etwa 5 Minuten zu Fuß entfernt) liegt die Metrostation *Lamarck-Caulaincourt*, die eine wichtige Rolle im preisgekrönten Film *Die fabelhafte Welt der Amélie* spielte. Heute ist hier das typisch französische Café *Le Refuge* bekannt, das wegen seiner sonnendurchfluteten Terrasse und fairen Preise sehr beliebt ist. Erklimmen Sie von hieraus die fotogene ***Rue de l'Abreuvoir***. Beim Aufstieg werden Sie durch einen atemberaubenden Blick auf *Sacré-Coeur* belohnt. Dass Sie den Gipfel erreicht haben, erkennen Sie an der »Büste der Dalida« des Bildhauers Alain Aslan, eine Hommage an die in Ägypten geborene *Chanteuse* Yolanda Gigliotti, bekannt als Dalida. Der Legende nach bringt es Glück, an der Brust der Statue zu reiben. Auf jeden Fall finden Sie hier eine Bank, auf der Sie Ihren Gedanken nachhängen oder den Ausblick auf die hinter der Rue de l'Abreuvoir gelegene Basilika Sacré-Coeur genießen können.

WICHTIGE ADRESSEN

Rue de l'Abreuvoir

Eine der ältesten und schönsten Straßen von Paris aus dem Jahr 1325, damals hieß sie *»ruelle qui va au but«* (Kleine Straße, die bis zum Ende führt). Im 19. Jahrhundert wurde sie in Rue de l'Abreuvoir (Deutsch: Tränkenstraße) umbenannt, da sie zur alten Wasserstelle des Montmartre führte. Heute gibt es die Wasserstelle nicht mehr, geblieben ist die lebendige Dorfatmosphäre und eine Reihe gut erhaltener Pariser Häuser wie aus dem Bilderbuch.

Ganz oben kurz vor der ***Rue Cortot*** befindet sich das Restaurant *La Maison Rose* (Hausnummer 2). Das Haus wurde etwa 1850 errichtet und von Germaine Pichot erworben, einer attraktiven Frau, die die größten Künstler der Stadt anzog, darunter Vincent van Gogh, Salvador Dalí, Pablo Picasso, Albert Camus und Henri Matisse. La Maison Rose ist durch das Bild »La Maison Rose à Montmartre« des Malers Maurice Utrillo unsterblich geworden. Berühmt wurde das Haus jedoch weniger wegen der Künste, sondern wohl eher aufgrund der hohen Geldsummen, die hier im Spiel waren. Die Struktur des legendären pinkfarbenen Gebäudes auf dem dreieckigen Grundstück an der Ecke Rue de l'Abreuvoir und ***Rue des Saules*** ist seit seiner Errichtung nahezu unverändert geblieben. Leider

La Bossue
La Bossue

PORTES D'OR

PASTILLES
ALDA
BOITE
PORTANT
LE NOM
ALDA

RUE DREVET
PAUL / ART & DESIGN
MONTMARTRE - PARIS

aimer c'est du désordre... alors aimons!
Je t'aime
SZERETLEK
ASSAVAKKIT
NIMITZTLAZOTLA

SACRÉ-CŒUR
OFFERT
À LA
VILLE DE PARIS
PAR LE
OURING-CLUB DE FRA
1939

REINE
REINE
INTERNET

ist es im Verlauf der Jahre etwas verfallen, doch der derzeitige Besitzer, Laurence Miolano, hat ihm wieder zu neuem Glanz verholfen. Natürlich ziehen die Touristen hier vorbei, um Fotos zu machen.

Aber gehen Sie auch hinein: Das Dekor alter Zeiten in diesem wunderschönen Restaurant ist absolut sehenswert, aber auch die einfachen und köstlichen Speisen sind einen Besuch wert.

Gehen Sie weiter auf der ***Rue Cortot*** bis zur Hausnummer 12. Diese Villa aus dem 17. Jahrhundert beherbergt heute das *Musée de Montmartre*. Im Jahr 1960 hat der historische Verein »Le Vieux Montmartre« das älteste Gebäude auf der *Butte* (dem Hügel) zu dem prächtigen Museum umgebaut, das es heute ist. In diesem Gebäudekomplex lebten einst berühmte Künstler wie Pierre-Auguste Renoir, Maurice Utrillo und Suzanne Valadon. Dieses außergewöhnliche Museum spiegelt die Geschichte des Viertels in faszinierenden Dauerausstellungen wider, wie der einzigartigen Sammlung an Zeichnungen und Plakaten (darunter das berühmte Plakat von Théophile Steinlein zum Kabarett »Chat Noir«) sowie Gemälden, die das quirlige Leben der Bohème in der ereignisreichen Geschichte des Montmartre bezeugen.

Ein besonderes Highlight ist die vom Designer Hubert Le Gall entworfene, originalgetreue Rekonstruktion der Atelierwohnung von Valadon und Utrillo. Von den quietschenden Dielen, dem kleinen Godin-Ofen über die Staffeleien und den gestapelten Rahmen bis zum Schlafzimmer mit Kassettendecken ist hier ein lebensechtes Abbild der Atelierwohnung entstanden. Genießen auf jeden Fall auch den atemberaubenden Ausblick

Im Erdgeschoss finden Sonderausstellungen statt und Sie können Ihre Eindrücke im *Café Renoir* und dem beschaulichen Park mit Obstbäumen und Blumen verarbeiten, der zudem eine unvergleichliche Aussicht über den Montmartre und Paris bietet. Auch den *Clos Montmartre* (Rue des Saules) sollten Sie nicht verpassen. Dieser versteckte, ausgebreitete Weinberg ist einer der letzten mitten in Paris. Er wurde 1933 angelegt und sollte auf diesem Gelände eines verlassenen Tanzsaals unter freiem Himmel, dem sogenannten »Le Parc de la Belle Gabrielle«, den Bau neuer Gebäude verhindern. Ausgenommen zum einmal jährlich stattfindenden Fest zu Ehren der Weinlese ist der Weinberg jedoch nicht mehr für die Öffentlichkeit zugänglich. Folgen Sie der ***Rue Saint-Vincent*** bis zum beeindruckenden Platz ***Square Marcel-Bleustein-Blanchet*** mit den von Glyzinien umrankten Laubgängen und dem fantastischen Blick über die Dächer von Paris.

Bevor Sie diesen geheimen Ort am Montmartre verlassen, lassen Sie sich weitere Geheimtipps nicht entgehen. Das *Cabaret Au Lapin Agile*, eine Live-

LE CIRQUE EST L'ECOLE DE LA FRATERNITE

28

31
Bienvenue♡

Musik-Bar in einem verputzten Backsteinhaus aus dem 19. Jahrhundert liegt in der 22 Rue des Saules. Auch die romantische, ländlich anmutende Rue Saint-Vincent ist nicht weit – sie ist im Herbst besonders charmant.

Nun geht es zum berühmtesten Platz von Montmatre, der ***Place du Tertre***. Eine echte Touristenattraktion, aber versuchen Sie, einen ruhigeren Moment zu erwischen und lassen Sie seine außergewöhnliche Stimmung auf sich wirken. Dieser Jahrhunderte alte Marktplatz für Maler, Karikaturisten und Scherenschnitt-Künstler begrüßt täglich Tausende von Touristen, die den Künstlern *en plen air* (unter freiem Himmel) bei der Arbeit zuschauen. Dieser als das Herz des Montmartre bezeichnete Platz ist zudem Heimat der historischen Restaurants *La Crémaillère 1900* und *La Bohème du Tertre*. Die meisten Gebäude rund um den Platz stammen aus dem 17. und 18. Jahrhundert. Wenn Sie Lust auf einen Snack, einen Kakao oder ein Eis haben (je nach Jahreszeit), ist die Patisserie *Carette* die perfekte Adresse.

WICHTIGE ADRESSEN

Rue du Mont-Cenis
Eine der steilsten Straßen des Montmartre, von der Sie den Blick in die endlose Weite des Pariser Nordens schweifen lassen können.

Rue Saint-Rustique
Die älteste Straße von Paris; sie führt zur Kirche Sacré-Coeur.

In den nahe gelegenen ***Rue Norvins***, Rue des Saules und ***Rue Poulbot*** finden Sie Jahrhunderte alte Cafés und Restaurants. Das vielleicht bemerkenswerteste ist das *Le Consulat*, ein bei berühmten Künstlern aus mehreren Jahrhunderten beliebter Ort. Aber es gibt noch viele andere großartige Alternativen. Van Gogh, Picasso und Monet – sie alle gaben sich im Le Consulat die Türklinke in die Hand. Genießen Sie ein französisches Gericht und ein Glas Wein oder eine Tasse Kaffee in einem dieser stimmungsvollen Restaurants und lassen Sie die Welt an sich vorbeiziehen.

Gehen Sie nun die Rue Poulbot herunter über die ***Place du Calvaire*** (malerische Treppe mit alten Laternen) zur ***Rue Gabrielle*** mit ihren zahlreichen gemütlichen Restaurants wie *La Taverne de Montmartre* und *Le Rendez-Vous des Amis*. Spazieren Sie im Montmartre weiter über die steile Treppe in der ***Rue Drevet*** herunter, kurz danach erreichen Sie die ***Rue des Trois Frères***.

Die Rue des Trois Frères ist eine lange, schmale und gewundene Straße voller wundervoller und bemerkenswerter Kleinode wie Restaurants, Cafés, Geschäfte und gut erhaltener Häuser. Wenden Sie sich zuerst nach rechts zum *Au Marché de la Butte – Maison Collignon* Nummer 56; eigentlich ist es ein ganz normaler französischer Markt, aber wenn Sie den Spuren von Amélie folgen wollen, ist es ein besonderer Ort. Auch die ***Rue Androuet***, die ***Passage des Abbesses*** und die ***rue Berthe*** sind sehenswert. Gegen Ende dieses Rundgangs sollten Sie der ***Place Émile Goudeau*** einen Besuch abstatten. An diesem hübschen Platz im Schatten alter Bäume liegen nicht nur eines der ehemaligen Ateliers von Picasso, sondern auch meine Lieblingsgastronomen *Le Relais de la Butte* und *Pâtisserie Gilles*. In *The Beans on Fire* bekommen Sie Kaffeeespezialitäten, das Café finden Sie in der 61 rue des Trois Frères.

Nun können Sie weiter hinunter zum Startpunkt in der Rue des Abbesses oder entlang der Rue des Trois Frères und über ***Rue la Vieuville*** bis zur ***Rue des Martyrs*** schlendern.

RUE DES MARTYRS

Die Rue des Martyrs wurde zur schönsten Straße von Paris gewählt – und ich bin froh, dass ich sie entdeckt habe. Ich habe mich so in sie verliebt, dass ich sie auf jeder einzelnen meiner Parisreisen bei den Recherchen für dieses Buch besucht habe. Sie ist etwa einen Kilometer lang und verläuft durch das 18. und 9. *Arrondissement*. Ich habe den Rundgang über den Montmartre bewusst an das Ende meiner Tourenvorschläge gesetzt. Die Rue des Martyr liegt südlich des ***Boulevard de Clichy*** und noch im 18. *Arrondissement*. Sie ist mit ihren Kabaretts, kleinen Ateliers, außergewöhnlichen Bistros und Vintage-Boutiquen aber auch ein perfekter Startpunkt für den Spaziergang über den Montmartre. Schauen Sie unbedingt in den Geschäften *L'Objet qui Parle*, *By Flowers* (beide in Nummer 86) oder *Chinemachine* (Nummer 100) vorbei.

Anschließend können Sie weiter südlich des Boulevard de Clichy durch die Viertel Saint-Georges und Süd-Pigalle flanieren.

MONTMARTRE VILLAGE

Le Relais de la Butte

MIDI
n° 50/51/52

GILLES MARCHAL
GILLES MARCHAL

LES CHOUPETTES
de ChouChou
LA CHOUQUETTE BIO QUI EN JETTE
LES CHOUPETTES
de
ChouChou
PARIS – 18e MONTMARTRE – 16e PASSY
MONTMARTRE

RUE
GERMAIN PILON
VRAI PARIS
Montmartre
PETITS
DÉJEUNERS
DESSERTS

LES CHIMERES
LES CHIMERES

TEIL IV

DIE JAHRESZEITEN IM PARIS, WIE ES KEINER KENNT

»Wenn es in Paris Frühling wird, muß [sic] der bescheidenste Sterbliche das Gefühl haben, im Paradies zu sein.«

Henry Miller

Paris ist tatsächlich im Frühling wunderschön. Aber jede Jahreszeit wirft ihr ganz besonderes und eigenes Licht auf die Stadt. Auf den nächsten Seiten möchte ich mit Ihnen die verschiedenen Jahreszeiten in Paris feiern.

Rasier
6€90

CAFÉ LEONE
PIZZAS & PÂTES

Glaces & Sorbets
de la Maison
Berthillon
Glaces
&
Sorbets

Le Flore en L'Ile
ZAGAT RATED

RUE
SAINT VINCENT

18
PLACE
DU
TERTRE

FANNY

PLACE
TERTRE

LA TERRASSE DE MADAME

AU
LAPIN
AGILE
CABARET

RESTAURANT

CAFE
café du métro

Café de Flore

PASSAGE JOU
ZÉPHYR
BRASSERIE

BAR DU MOULIN
ULANGERIE PATISSERIE

CAFE BAR
LE NEMOURS

HOTEL
Emile
HOTEL
Emile
La favorite
SAINT-PAUL
La favorite SAINT-PAUL

SHISEIDO

joyeux
noël

Le Bon Marché

Joyeux Noël

GILLES MARCHAL

TEIL V

BUCKET LIST FÜR PARIS, WIE ES KEINER KENNT

Amour
RUE DE LA LIBERTÉ
À la vôtre
PASSAGE DU DÉSIR
PLACE DES ABBESSES
Papa
RUE CAMBON
Amitié
RUE DE PARADIS
PLACE PIGALLE
Santé!
Merci
PLACE DES VOSGES
RUE PRINCESSE
RUE DE L'AMOUR
RUE BEAUREGARD

Le Monde

Ganz gleich, auf welchem Weg Sie in Paris ankommen, wenn Sie einmal innerhalb der *Périphérique* sind, werden Sie wahrscheinlich sofort erkennen, dass Sie dort sind. Ich frage mich, ob es die Harmonie der Straßen ist, die malerischen, gepflasterten Wege oder die geschwungenen Boulevards, die Caféterrassen und ihre professionellen Kellner oder die Seine und ihre Brücken ... Egal, auf welchem Weg ich ankomme, ich nehme immer einen direkten Weg zu den Brücken. Ich liebe den Pont Neuf und seine Aussicht am meisten. Mit seinem Gefühl von Geschichte, Déjà-vu und Nostalgie ist er der perfekte Ort, um einen Spaziergang durch Paris zu beginnen. Man sieht die *Bouquinisten*, den Eiffelturm, die *Conciergerie* und das Ufer der Seine mit seinen Läufern, Spaziergängern und Verliebten. Ganz gleich, welche Route Sie durch die Stadt der Lichter wählen, Sie sollten auf jeden Fall einige dieser ausgewählten Orte auf Ihrer Liste abhaken.

LIBRAIRIE RIEFFEL
ACHAT DE BIBLIOTHEQUES
Librairie Rieffel

LES DEUX MAGOTS
LES DEUX MAGOTS

BUCHLÄDEN

The Abbey Bookshop, 29 Rue de la Parcheminerie, 75005
La Bibliothéque Idéale Librairie, 7 Rue de la Bûcherie, 75005
Die Bouquinisten am rechten Ufer der Seine von der Pont Marie bis zum Quai du Louvre und am linken Ufer vom Quai de la Tournelle bis zum Quai Voltaire.
Librairie Galignani, 224 Rue de Rivoli, 75001
Librairie Jousseaume, 45–47 Galerie Vivienne, 75002 Le Point du Jour, 58 Rue Gay-Lussac, 75005
Shakespeare and Company, 37 Rue de la Bûcherie, 75005

SPEZIALITÄTEN UND CONCEPT STORES

Alix D. Reynis, 14 Rue Commines, 75003, und 22 Rue Jacob, 75006
Antoinette Poisson, 12 Rue Saint-Sabin, 75011
Astier de Villatte, 173 Rue Saint-Honoré, 75001 und 16 Rue de Tournon 75006
Deyrolle, 46 Rue du Bac, 75007
Marin Montagut, 48 Rue Madame, 75006
Mélodies Graphiques, 10 Rue du pont Louis-Philippe, 75004 Merci, 111 Boulevard Beaumarchais, 75003
Officine Universelle Buly 1803, 6 Rue Bonaparte, 75006 und 45 Rue de Saintonge, 75003
La Trésorerie, 11 Rue du Château d'Eau, 75010

CAFÉS UND BARS

Au Petit Suisse, 16 Rue de Vaugirard, 75006
Café de Flore, 172 Boulevard Saint-Germain, 75006
Café Verlet, 256 Rue Saint-Honoré, 75001
Les Deux Magots, 6 Place Saint-Germain des Prés, 75006
Pavillon de la Fontaine, Jardin du Luxembourg, 75006
Le Saint-Regis, 6 Rue Jean du Bellay, 75004
The Smiths Bakery, 12 Rue de Buci, 75006

RESTAURANTS

Buvette, 28 Rue Henry Monnier, 75009
Chartier, 7 Rue du Faubourg Montmartre, 75009
Chez Paul, 13 Rue de Charonne, 75011
Clamato, 80 Rue de Charonne, 75011
Septime, 80 Rue de Charonne, 75011

BOULANGERIEN

Boris Lumé Boulangerie, 48 Rue Caulaincourt, 75018
Boulangerie Poilâne, 8 Rue du Cherche-Midi, 75006
Du Pain et des Idées, 34 Rue Yves Toudic, 75010
La Maison d'Isabelle, 47 Boulevard Saint-Germain, 75005

PÂTISSERIEN

Angelina, 226 Rue de Rivoli, 75001
Carl Marletti, 51 Rue Censier, 75005
La Pâtisserie Cyril Lignac, 24 Rue Paul Bert, 75011
Stohrer, 51 Rue Montorgueil, 75002

HOTELS

Hôtel Bienvenue, 23 Rue Buffault, 75009
Hôtel Les Deux Gares, 2 Rue des Deux Gares, 75010
Hôtel Henriette, 9 Rue des Gobelins, 75013
Hôtel de JoBo, 10 Rue d'Ormesson, 75004
Hôtel Lutetia, 45 Boulevard Raspail, 75006
Hôtel Plaza Athénée, 25 Avenue Montaigne, 75008
Kimpton St Honoré, 27–29 Boulevard des Capucines, 75002
Saint James Albany, 202 Rue de Rivoli, 75001

THÉS

INDONÉSIE — KOPI LUWAK 65€/250g
HAWAÏ — KONA EXTRA FANCY
SAINT HÉLÈNE — NAPOLÉON
Honduras_ Los Colibries
44€/250g
PANAMA — LA TORCAZA-PLANTATION CARL JANSON

KLEINE MUSEEN

Musée Carnavalet, 23 Rue de Sévigné, 75003
Musée de Montmartre, 12 Rue Cortot, 75018
Musée national Gustave Moreau, 14 Rue Catherine de La Rochefoucauld, 75009
Musée de l'Orangerie, Jardin des Tuileries, 75001
Musée Rodin, 77 Rue de Varenne, 75007
Musée de la Vie Romantique, 16 Rue Chaptal, 75009

PARIS
VERLET
DEPUIS 1880

Café de Flore

Stanislas Draber
Fleurs . Poteries . Littérature . Gravures

DEYROLLE
DEYROLLE
au nom de la rose

MITWIRKENDE

Alle Fotos © Siobhan Ferguson außer:

Georgianna Lane (@georgiannalane) ist eine in Paris lebende Autorin und Fotografin, deren Arbeiten international veröffentlicht wurden. Sie hat z. B. die Bücher *Paris in Bloom*, *New York in Bloom* und *London in Bloom* geschrieben.
Seite 97.

Whitney Brown (@billetrouge) ist Stylistin und Fotografin und lebt in San Francisco. Die unermüdliche Energie, spannende Geschichte und die gastfreundlichen, kreativen Menschen von Paris inspirieren sie.
Seiten 47 unten rechts, 131 oben rechts, 134 oben rechts, 228 unten.

Rita Farhi (@ritafarhifinds) ist autodidaktische Fotografin und Videografin. Sie wohnt in London. Mit den Fotos auf ihrem Instagram-Konto können ihre Follower dem Alltag entfliehen und die Magie des Londoner Lebens und ihrer Reisen miterleben und genießen.
Seiten 26 unten links, 158 oben rechts, 248 unten links.

Olena (@_thefeelingofvelvet) lebt in London und ist eine ukrainische Fotografin und Content Creator, die alles Schöne liebt. Ihre Leidenschaft gilt dem Innendesign und Orten, an denen sie sich wohlfühlt und die sie gern im Foto festhält. Häufig verbringt sie ihre Wochenenden in Paris.
Seiten 10 unten links, 63 unten links, 95 oben rechts, 154 unten links, 238.

David (@frenchieyankee) wuchs zwischen der Stadt Le Mans, den Vororten von Paris und dem 15. *Arrondissement* auf. Bevor er Frankreich 1999 verließ, verbrachte er die meiste Zeit am linken Ufer der seine. Er arbeitet in der Übersetzungsbranche und fotografiert in seiner Freizeit die berauschende Schönheit von Washington DC. Zudem hat er den Instagram-Feed @theotherdc gegründet.
Seiten 75 oben rechts und unten links, 100 oben links, 184, 187 unten rechts und oben rechts, 191 unten rechts, 240 unten rechts, 247, 248 oben rechts.

@officine_universelle_buly
Seiten 10, 16, 89 oben rechts.

@verletparis
Seiten 51, 245 unten und oben links, 248 oben links.

LA MERE
PROPRIETÉ
PLAT DU JOUR
COCKTAILS
SERVICE CONTINU

DANK

An meine Instagram-Follower! Danke, dass ihr mich auf meinen einsamen Reisen in die Stadt der Lichter begleitet habt. Manchmal hatte ich das Gefühl, wir erkunden diese Stadt gemeinsam. Eure Treue und eure Lieben treiben mich an.

Danke auch an meinen Ehemann Noel und meine Kinder Jack, Charlie und Louis für eure endlose Liebe und Geduld, die ihr mir während der Arbeit an diesem Buch geschenkt habt. Manchmal habe ich gedacht, ich werde nie fertig. Danke auch, dass ihr mich auf einer Reise begleitet und meine Begeisterung für die Stadt der Lichter mit mir geteilt habt. Danke an meine Mutter und meinen Vater, die mir meine erste Reise nach Paris im Jahr 1994 ermöglicht und mich auch bei den für dieses Projekt nötigen Reisen unterstützt haben, indem sie sich um meine Jungs gekümmert haben. Danke an das exzellente Team von The History Press für euren unermüdlichen Enthusiasmus, die Unterstützung und Geduld bei diesem und allen meinen Projekten. Mein besonderer Dank geht an die großartige Illustratorin Holly Weber, die alle meine Wünsche umgesetzt hat. Danke an meine liebe Freundin und Kollegin Georgianna Lane für deine Ermutigung und Erfahrung und an alle meine Freunde und meine Familie, die mich immer motiviert haben. Danke an David, Olena, Whitney und Rita für eure großzügigen Beiträge zu diesem Buch. Eure Interpretation der Stadt der Lichter ist einfach großartig.

Danke an all die wunderbaren Inhaber von Geschäften, Blumenhändler, Künstler, Kellner, Besucher und Einheimische, die diese Geschichte heute und in der Vergangenheit mit Leben gefüllt haben.

Und schließlich möchte ich meiner Kommilitonin Sharon Wheatley danken (in den lange zurückliegenden Zeiten meines Erasmus-Studiums war sie meine Mitbewohnerin): Ich hoffe, wir finden bald einmal Zeit, meine Rundgänge gemeinsam zu genießen.

2
AURANT
La Maison Rose
OUVERT!
LUNCH
TEA-TIME DRINKS
DÎNER

PARIS
JE T'AIME
MARIN MONTAGUT
Fabriqué en France · 48 rue Madame · Paris VI
HORAIRES